D1726911

Kurt Ackermann
und Partner

Bauten
Projekte

Für Walter Zöller
von Ackermann
Juni 1979

CIP-Kurztitelaufnahme der
Deutschen Bibliothek
Kurt Ackermann und Partner
<München>:
Kurt Ackermann und Partner. –
Stuttgart: Krämer, 1978
  ISBN 3-7829-1441-X

Alle Rechte vorbehalten
© Karl Krämer Verlag
Stuttgart 1978
Druck: Heinrich Fink GmbH & Co.,
Stuttgart 80
Printed in Germany
ISBN 3-7828-1441-X

Kurt Ackermann
und Partner

Bauten
Projekte

Karl Krämer
Verlag
Stuttgart

Wir wollten unsere Bauten, Projekte und Wettbewerbe von 1953 bis 1978 sichten und für die weitere Arbeit im Büro dokumentieren. Bei der Aufbereitung des Materials entstand der Gedanke zu diesem Buch. Bauten und Entwürfe sind chronologisch ausgewählt. Entwicklungen aus 25 Jahren sind erkennbar. Aus dieser Sicht betrachte ich unsere Arbeit. Wir waren immer ein praxisorientiertes Büro ohne spektakuläre Einzelprojekte, ständig bemüht, den Inhalt der jeweiligen Bauaufgabe ablesbar zu machen und eine Übereinstimmung von Konstruktion und Form zu finden. Die Vielfalt der architektonischen Gestalt unterstellten wir immer einer klaren Ordnung. Moden wollten wir vermeiden. Bescheidenes hat die Zeit besser überstanden.

Kurt Ackermann

1953
Wohnhaus Schottenhamel
Wessling

Projekt

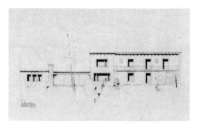

1953
Augustenstraße 2
München

Die Erfahrungen als Werkstudent bei der Obersten Baubehörde, dem Universitätsbauamt
München, der Bau des ersten
Hauses 1951 und die Bauauf-
nahme der Lenbach-Galerie
ermutigten mich, nach dem
Examen in meiner Studenten-
bude ein Architekturbüro zu
gründen.

1953
Geschäftshaus Gabler
München

Projekt

1954/55
Wohnhaus Ebnet
München

1955/57
Volksschule Insingen

Erweiterungsbau

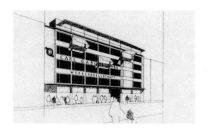  

Oktoberfest
Die Aufträge konnten weder
das Darlehen der Hauswirtin
noch die Schulden des Büros
tilgen. Aber sie waren ein Grund
zum Feiern, wir spürten, es ging
vorwärts.

1955
Wohn- und Gästehaus Josef
Gartner Gundelfingen/Donau

Projekt

Bauen + Wohnen 9/1956

1956/58
Wohnhaus Viktor Gartner
Gundelfingen/Donau

Bauen + Wohnen 12/1956
Die Kunst 4/1962
db Deutsche Bauzeitung 1/1963
Baumeister 9/1964

Einfamilienhäuser 51-100
G. Schwab

1956/57
Wohnhaus Holzbauer
Gauting bei München

Baumeister 12/1958
Die Kunst 8/1959
Ziegelarbeitsblätter 8/1960
Ideales Heim 12/1960

Mehrfamilienhäuser
G. Schwab

150 Einfamilienhäuser
L. Koller

1956
Theresienstraße 124
München

Wohnen, Arbeiten, Besprechen,
Kochen, Essen, Schlafen im
Büro war zu viel. Die ersten
festen Mitarbeiter kamen. Ein
Sekretariat entstand, eine
Modellwerkstatt, eine kleine
Wohnung wurde nötig. Also
Umzug und der obligate Bau-
kostenzuschuß.

1954/57
Modehaus Kraus
München

1958/59
Wohnhaus Rickert
Steinwiesen/Oberfranken

1957/58
Wohnhaus Dr. Peters
Sibichhausen bei Starnberg

1958
Wohnhaus Geisler
Gauting bei München

Baumeister 1/1959

Die Kunst 12/1960
Baumeister 9/1961
Bauwelt SH/1964
Deutscher Werkbund 2/1961
                        2/1965

Unser Haus
S. Nagel/K. Frank

Die schöne Wohnung
L. Koller

Die Kunst 7/1961
DBZ 8/1962

Der offene Kamin
F. R. Barran

1958
Wohnhaus Lang
Garmisch-Partenkirchen

1958/59
Haus des Hopfens
Wolnzach

1958/59
Wohnhaus Eugen Höfter
Neuhausen bei Mainburg

Seite 36

DBZ 2/1962
Ideales Heim 7/1964

Baumeister 10/1960

Die Kunst 11/1961

Das kleine Haus
R. Wolf

Ziegeltaschenbuch
O. Banditt

1959/60
Wohnhaus Bruno Höfter
Mainburg

1957/58
Hopfenhalle HVG
Mainburg

Wettbewerb

1958/59
Zementwerk Märker
Harburg/Schwaben

Titanbrecher

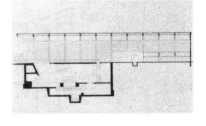

Die Kunst 12/1961

Die schöne Wohnung
L. Koller

Seite 37

Baumeister 10/1959
Zentralblatt für
Industriebau 8/1960
Detail 1/1962
Bauen + Wohnen 2/1969

Industriebau
Internationale Beispiele
W. Henn

Treppen
F. Schuster

Die Geschichte der
deutschen Treppen
G. Mielke

Internationale Architektur
Dokumentation 3
v. Kellen

Wände, Treppen, Außendetails
in Beton
Detail Bücherei

Zentralblatt für
Industriebau 2/1972

1958
Die Hopfenhalle in Mainburg
wird durch den Bayerischen
Staatsminister Dr. Dr. Aloys
Hundhammer eröffnet.

1959/60
Kreiskrankenhaus Mainburg
Mainburg

Erweiterung

1958/59
Hopfenhalle Klotz
Wolnzach

1960
Hopfenhalle der Stadt
Pfaffenhofen

Projekt

1960/61
Wohnanlage Meßner
München

 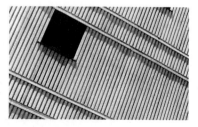 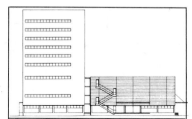 

Baumeister 10/1961
Zentralblatt für
Industriebau 12/1961
ac 21/1961
Detail 3/1962
The Architect +
Building News 3/1962
DBZ 12/1962

Fenster, Fensterwände aus Holz
Detail-Bücherei

Lagern + Speichern
W. Schramm

ac agr
O. Riege

Fassaden
Hoffmann, Griese,
Meyer-Bohe

Baumeister 9/1962
DBZ 1/1963

1960/61
Wohnhaus Ackermann
Herrsching/Ammersee

1962/63
Wohnhaus Dr. Kammermeier
München

1962/63
Flugsicherungsleitstelle
München

1962/63
Wohnanlage Ballauf
München

Seite 40

Seite 44

Bauen + Wohnen 4/1962
3/1964
Baumeister 9/1962
Detail 4/1963
Informationsdienst Holz
4/5/1963
DBZ 7/1963
Bauwelt SH 1964
Die Kunst 2/1964
I-Punkt Farbe 1/1968
Bauen + Wohnen 2/1969

Kamine
E. Danz

Stahlkonstruktionen im Hochbau
Gatz/Hart

Farbe am Bau
Gatz/Achterberg

Kamine und Kachelöfen
Detailbücherei

Einfamilienhäuser, Bungalows,
Ferienhäuser
S. Nagel/S. Linke

Die schöne Wohnung
L. Koller

Offene Wohnformen
S. Nagel/S. Linke

Baumeister 12/1963
Die Kunst 9/1964
Detail 2/1965
Deutscher Werkbund 2/1965
Glasforum 2/1966
Zuhause 10/1967
Informationsdienst Holz
446/1967
Bauen + Wohnen 2/1969

33 Architekten
33 Einfamilienhäuser
Pfau/Zietschmann

Neue Wohnformen
W. Meyer-Bohe

Der Ein- und Zweifamilienhaus-
katalog

Bauen mit Holz
Hoffmann/Griese

Reiseführer zur modernen
Architektur
G. Hoffmann

Zentralblatt für
Industriebau 11/1967

Geformter Stein
H. F. Erb

1962/63
Fertigungshalle BMW
München

1961/66
Zweigstelle Hypobank
München-Schwabing

1962/63
Wohnanlage Höfter
München

1. Bauabschnitt

Seite 48

Seite 54

Bauen + Wohnen 9/1963
Baumeister 1/1964
Zentralblatt für
Industriebau 8/1964

Bauen + Wohnen 1/1962
1/1967
2/1969
DBZ 9/1968
Glasforum 1/1969
Der Architekt 6/1976

Reiseführer zur modernen
Architektur
G. Hoffmann

Verwaltungsbauten
Nagel/Linke

Stahltreppen
Hoffmann/Griese

Internationale Architektur
Dokumentation 3
v. Kellen

Bauten und Plätze in München
Callwey

Ziegelarbeitsblätter 5/1963
db Deutsche Bauzeitung 2/1965
Detail 3/1965
Baumeister 6/1965
Bouw 11/1967
db Deutsche Bauzeitung 7/1970

Wände, Treppen, Außendetails
in Beton
Detail-Bücherei

Bauen in Sichtbeton
Bächer/Heinle

BDA-Preis Bayern 1967

1963/64
Zementwerk Märker
Harburg/Schwaben

Homogenisierungssilos

1962
Heizwerk der Bundesmonopol-
verwaltung für Branntwein
München

1963/64
Haus Graf v. Norman
Icking

1963/64
Wohnhaus Dr. Fischer
München

Seite 56

Seite 64

Seite 66

Baumeister 8/1964
Zentralblatt für
Industriebau 11/1964
ac 4/1965
DBZ 4/1966
i.e.t.c.c. informes
de la construcción 2/1967
l'architecture
d'aujourd'hui 9/1967
Deutsches Architektenblatt
4/1972
Beton 5/1972
Bauwelt 8/1972
Werk 6/1972
Zement 71/1972
Beton Prisma 25/1973
Architecture 2/1976

Internationale Architektur
Dokumentation 2
v. Kellen

Industriebauten
Nagel/Linke

Bauen in Deutschland
Simon

Baumeister 2/1966
Zentralblatt für
Industriebau 4/1966
Bauen + Wohnen 2/1969

Internationale Architektur
Dokumentation 2
v. Kellen

Baumeister 4/1965
Die Kunst 2/1966

Bauen mit Holz
Hoffmann/Griese

Kamine und Kachelöfen
Callwey

Stahltreppen
Hoffmann/Griese

Bauen + Wohnen 12/1964
Die Kunst 9/1965
Glasforum 2/1966
DBZ 4/1966

Stahltreppen
Hoffmann/Griese

Internationale Architektur
Dokumentation 2
v. Kellen

BDA-Preis Bayern 1971

1963
Verwaltungsgebäude
Paulanerbräu
München

Wettbewerb

1963
O. v. Miller Polytechnikum
München

Wettbewerb

1967
Lagerhalle Cramer
München

1964
Halle 2 Götz Metallbau
Deggendorf

Seite 76

Bauen + Wohnen 11/1963
DBZ 3/1964

ac 87/1977

Zentralblatt für
Industriebau 2/1968
              8/1968
Glasforum 5/1969

1965/66
Zentralgarage Korn
Rothenburg ob der Tauber

1964/70
Feuerwache 4
München

1964/65
Ponystall Graf v. Norman
Icking

1964
Volksschule Enzelshausen
Enzelshausen

Wettbewerb

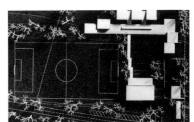

Seite 68

db Deutsche Bauzeitung
10/1967

Internationale Architektur
Dokumentation 3
v. Kellen

Schöner Wohnen 1/1971
Bauwelt 17/1971
db Deutsche Bauzeitung
11/1972
Die Mappe 9/1973
DBZ 10/1974

Bauten und Plätze in München
Callwey

Stadt für Menschen
Paulhans Peters

Spielraum für Kinder
Rouard/Simon

Baumeister 4/1965

1964/65
Landwirtschaftliche
Berufsschule
Mainburg

1966/67
Haus Meisel
Feldafing

1960/67
Flughafen Neubiberg
bei München
Ausbildungshalle

1960/67
Flughafen Neubiberg
bei München
Lehrwerkhalle

Seite 72

Seite 72

db Deutsche Bauzeitung 9/1966
Terra 2/1967
Detail 4/1967
DBZ 5/1968

Ziegelkonstruktionen
im Hochbau
Göbel/Gatz

Schulbauten
H. Deilmann

Bauen + Wohnen 2/1969
DBZ 10/1970

Treppen in Stahl
H. Gladischefski/K. Hahnburger

Bauen + Wohnen 2/1969
Baumeister 4/1969
DBZ 9/1969
Zentralblatt für
Industriebau 9/1969

1960/67
Flughafen Neubiberg
bei München
Zentralwerkstätte

1965
Schwimmbad Umkleidekabinen
Mainburg

Projekt

1965/68
Halle 3 Götz Metallbau
Deggendorf

1965
Kreissparkasse Mainburg
Mainburg

Wettbewerb

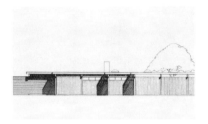

Seite 72

Seite 76

Zentralblatt für
Industriebau 2/1968
                8/1968
                5/1974
db Deutsche Bauzeitung
10/1973

Industriebauten
Nagel/Linke

Bauwelt 25/1966

1965
Kirchen- und Gemeindezentrum
Nürnberg-Gostenhof

Wettbewerb

1966/70
Wohnanlage Moll
München

1966
Kreiskrankenhaus Mallersdorf
Mallersdorf

Wettbewerb

1966
Neue Pinakothek
München

Wettbewerb

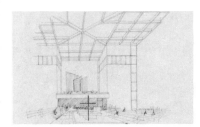

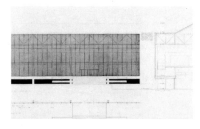

Seite 78

Bauen + Wohnen 2/1969
Z-Ziegel 1/1971
          2/1971
Bauwelt 33/1971
Baumeister 8/1971
          1/1977
Detail 1/1972
Deutsches Architektenblatt
4/1972
DLW-Nachrichten 57/1974
Binario 10/1975
DBZ 1/1976

Bauten und Plätze in München
Callwey
Differenzierte Wohnanlagen
G. Schwab
Stadt für Menschen
Paulhans Peters
Ohne Vergangenheit keine
Zukunft
H. Wichmann
Spielraum für Kinder
Rouard/Simon
Deutsche Kunst seit 1960
– Architektur –
P. Nestler/P. M. Bode

BDA-Preis Bayern 1971
Förderpreis der Deutschen
Ziegelindustrie
Preis für guten Wohnungsbau

Baumeister 11/1966

db Deutsche Bauzeitung 6/1967

1966/67
Bürohaus Weißenberger
München

1969/74
Universität Regensburg
Studentenhaus

Wettbewerb

1969/74
Universität Regensburg
Rektorat

1967/68
Haus Gerhard Moll
München

Seite 86

Bauen + Wohnen 1/1972
DBZ 4/1974

Seite 88

Bauen + Wohnen 4/1966
Baumeister 5/1966
            8/1971
            5/1976
DBZ 5/1966
Die Bauverwaltung 8/1970
Bauwelt 18/1971
DLW-Nachrichten 53/1972
Glasforum 4/1976
Beton 6/1977
Beton-Prisma 35/1977
DBZ 12/1977
Der Architekt 3/1975
l'industria italiana
del cemento 9/1978

Geplant gebaut Universität
Regensburg 1977
Universitätsbauamt Regensburg

Hochschulbau in Bayern
Oberste Baubehörde

Geschichte der Architektur des
19. und 20. Jahrhunderts
L. Benevolo

BDA-Preis Bayern 1975
Architekturpreis Beton 1977
Anerkennung
Fritz-Schuhmacher-Preis 1977
Anerkennung

Seite 96

Bauen + Wohnen 2/1969
Baumeister 7/1973
Detail 2/1975
DBZ 9/1977

1967
BDA-Preis Bayern
Hypobank München-Schwabing

1970/72
Wohnanlage Höfter
München

2. Bauabschnitt

1969/70
Lager- und Verwaltungs-
gebäude
Schneider + Söhne
München

1968/71
Wohnanlage Am Biederstein
München

Seite 98

db Deutsche Bauzeitung
12/1976

Baumeister 12/1971
Zentralblatt für
Industriebau 2/1973

e+p 5 Güterumschlag +
Verteiler

DLW-Nachrichten 57/1974
db Deutsche Bauzeitung 6/1975
ac 81/1976

„Mit diesem Preis bringt der
BDA im Lande Bayern seine An-
erkennung für vorbildliches
Bauen zum Ausdruck"

Ernst Giesel
Prof. Hans Kammerer
Prof. Hans Scharoun

1967
Bauten für die Spiele der
XX. Olympiade
München

Wettbewerb

1969/70
Verwaltungsgebäude
Weishaupt
München

1969/70
Wohnhaus Schow
München

Baumeister 2/1968
Bauen + Wohnen 2/1969

Seite 102

Bauen + Wohnen 1/1972
Beton Prisma 23/1972
DBZ 9/1974
    9/1975

Seite 104

1961
Das Büro wird um die Zwei-
zimmerwohnung erweitert. Die
eigene Büroküche wird einge-
führt. Afra Greger bekocht das
Büro.
1965
Das Büro platzt aus allen
Nähten, Überbelegung – Ver-
kehrslärm – Parkplatznot. Suche
nach neuen Büroräumen.
1968
Ein Reihenhaus in der Malsen-
straße im Stadtteil Gern, Bau-
jahr 1912, erfüllt nach langem
Suchen fast alle Anforderungen.
Seine Qualität wiegt den wei-
teren Weg von der Innenstadt
auf.
1969
Die langjährigen Mitarbeiter
Jürgen Feit, Peter Jaeger,
Richard Martin werden Partner.

1968/72
Christus-Kirche
Bad Füssing

Wettbewerb

1969/70
Werkhalle IWIS
Winklhofer + Söhne
München

1968/69
Friedenskirche
Gundelfingen/Donau

1967/68
Zementwerk Märker
Harburg/Schwaben

Lehrwerkstätte

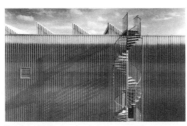

Seite 106

Bauen + Wohnen 2/1969
Bauwelt 48/1972
Beton 12/1974
Detail 2/1976
ac 90/1978

e+p 24 Kirchliche Zentren
R. Disse

Seite 110

Zentralblatt für
Industriebau 4/1974
Baumeister 5/1973

e+p 25 Gewerbebetriebe
F. Wild

Seite 112

Bauen + Wohnen 2/1969
Bauwelt 48/1972
DBZ 7/1974

e+p Kirchliche Zentren
R. Disse

Deutsche Kunst seit 1960
– Architektur –
P. Nestler/P. M. Bode

Seite 56

Baumeister 8/1964
Zentralblatt für
Industriebau 11/1964
DBZ 4/1966
i.e.t.c.c. Informes
de la construcción 2/1967
l'architecture
d'aujourd'hui 9/1967

BDA-Preis Bayern 1973
Anerkennung

1967/68
Zementwerk Märker
Harburg/Schwaben

Mischbett

1969/72
Bürozentrum Schulz
München

1969
Oberpostdirektion
Freiburg

Wettbewerb

1968
Hauptverwaltung BMW
München

Wettbewerb

Seie 56

Zentralblatt für
Industriebau 1/1974
Baumeister 4/1974
l'architecture
d'aujourd'hui 9/10/1974
Bauwelt 11/1974
Bauen + Wohnen 4/1975
DBZ 11/1976
Der Architekt 7/8/1978
Architecture 2/1976

Deutsche Kunst seit 1960
– Architektur –
P. Nestler/P. M. Bode

Internationale Architektur
Dokumentation 3
v. Kellen

ac-Industrie
Riege

Welt des Betons
Deutscher Betonverein

Seite 114

Bauen + Wohnen 2/1973
db Deutsche Bauzeitung
11/1973

Die Bauverwaltung 2/1970

Baumeister 1/1969
Bauen + Wohnen 2/1969

e+p 13 Rechenzentren
Rohrer/Wild

1969/70
Wohnhaus Götz
Deggendorf

1969
Konzertsaal Arabellapark
München

Wettbewerb

1969/70
Zementwerk Märker
Harburg/Schwaben

Klinkersilos

1972
Klinik St. Bonifaz
München

Projekt

 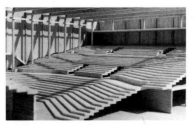  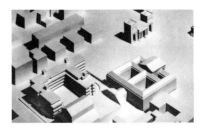

Seite 118

Detail 3/1974
Leonberger 4/1976

Baumeister 8/1969
Bauen + Wohnen 10/1969

e+p 6 Mehrzweckgebäude
für gesellschaftliche Funktionen
Peters/Wild

Seite 56

Beton 5/1972
Werk 6/1972
Beton Prisma 25/1973

Variante A

Variante B

Variante C

Hydraulisch in der Höhe verstellbare Sitzreihen ermöglichen
auf der Basis von drei Grund-
varianten (A, B und C) eine
Nutzung des Konzertsaales für
die verschiedensten Veranstal-
tungsformen.

1969
Hauptverwaltung Hypobank
München

Wettbewerb

1970/72
Wohnhaus Dr. Josef Gartner
Gundelfingen/Donau

1970/71
Verlagsgebäude Langenscheidt
München

1971/72
Werkhalle Wanderer
München

Baumeister 5/1970
aw Architektur-Wettbewerbe
77/1974

Seite 120

Bauen + Wohnen 12/1973
DBZ 6/1976
Die Kunst 11/1976
db Deutsche Bauzeitung 2/1977
Kenchiku Bunka 6/1977

e+p 28 Freistehende Ein-
familienhäuser
Wild

Seite 124

Bauen + Wohnen 7/1973
Zentralblatt für
Industriebau 11/1974
DBZ 4/1974

1970/72
Hardtschule
Weilheim/Oberbayern

1. Bauabschnitt Grundschule

1970
Halle 4 Götz Metallbau
Deggendorf

1970
Integrierte Gesamtschule
München/Nord

Wettbewerb

1963/72
Zementwerk Märker
Harburg/Schwaben

Kalkwerk und Kalkpackerei

Seite 128

Seite 76

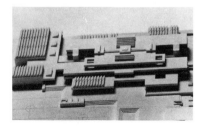

Seite 56

Baumeister 2/1973
DBZ 10/1973
    3/1974

Schulbaubuch
K. H. Koch

Dekorative Türen
G. Hoffmann

SBL-Schulbauinstitut der Länder
7/1976

Baumeister 2/1971
aw Architektur-Wettbewerbe
67/1967

Baumeister 8/1974
Zentralblatt für
Industriebau 11/1964
ac 40/1965
DBZ 4/1966
i.e.t.c.c. Informes
de la contrucción 2/1967
l'architecture
d'aujourd'hui 9/1967

Industriebauten
Nagel/Linke

ac Industrie
Girsberger

Internationale Architektur
Dokumentation 2
v. Kellen

Welt des Betons
Deutscher Betonverein

BDA-Preis Bayern 1973
Anerkennung

1970
Rechenzentrum Hypobank
München

Projekt

1970/76
Bundesverwaltungsgericht BVG
München

1970
Verwaltungsgebäude der Baye-
rischen Rückversicherung
München

Wettbewerb

1971
BDA-Preis Bayern
Wohnanlage Moll

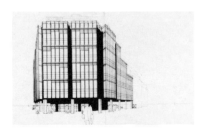

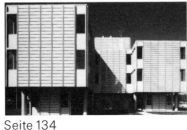

Seite 134

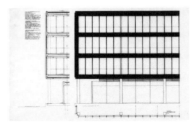

Baumeister 1/1971

e+p 13 Rechenzentren
Rohrer/Wild

Bauwelt 26/1977
Die Bauverwaltung 9/1977
Detail 3/1978

Bauen + Wohnen 5/1970

„Das Problem des städtischen
Wohnungsbaues wurde mit der
Wohnanlage Moll auf vorbild-
liche Weise angegangen. Innerhalb des Stadtgefüges ist ein
schöner, individuell gestalteter
Lebensraum entstanden. Jede
Wohnung besitzt einen hohen
Wohnwert, ergänzt durch Grün-
anlagen, in denen auch die Kinder zu Hause sind. Der Entwurf
weist Wege zur Erschließung
und Aufwertung innerstädti-
scher Bereiche."
Prof. Günter Behnisch
Prof. Gottfried Böhm
Prof. Dr. h. c. Horst Linde

1971
BDA-Preis Bayern
Zementwerk Märker

1971
Deutsche Ziegelindustrie
Förderpreis für junge
Architekten

Wohnanlage Moll

1972
Wohnanlage Winterling
München

Projekt

Bauen + Wohnen 9/1973

„Das Zementwerk Märker ist ein
Industriebau, der in seiner Aus-
formung über einen reinen
Zweckbau hinausgeht und
damit – zumindest in dem vom
Architekten bearbeiteten
Bereich – Rücksicht auf seine
Umwelt nimmt. Dabei ist die
Einheit von Aufgabe, Funktion
Material und Form hervorzu-
heben."
Prof. Günter Behnisch
Prof. Gottfried Böhm
Prof. Dr. h. c. Horst Linde

„Das Preisgericht würdigte
damit die lebhafte Gliederung
und die Gruppierung sowie die
Nutzung der den Ziegelwänden
eigenen bauphysikalischen Vor-
züge, die bei diesem Bauwerk
zu einer besonders glücklichen
Synthese geführt wurden."

Badefeste
mit Kind und Kegel am Ammersee ersetzen die Hitzeferien

1972/74
Zementwerk Märker
Harburg/Schwaben

Wärmetauscherturm

1973/75
Strukturplanung Sportgastein
Sportgastein

1973/75
Verwaltungsgebäude Wüstenrot
München

1974
Verwaltungsgebäude MEPC
München

Wettbewerb

Seite 56

Baumeister 4/1976
l'architecture
d'aujourd'hui 4/1976
Zement-Kalk-Gips 5/1976
            12/1976
Zentralblatt für
Industriebau 5/1976
Bauwelt 34/1976
Architecture 2/1976
DBZ 7/1977

Deutsche Kunst seit 1960
– Architektur –
P. Nestler/P. M. Bode

Seite 140

Baumeister 6/1974
Bauforum 46/1977

Seite 144

Baumeister 11/1974
Bauen + Wohnen 2/3/1977
Glasforum 2/1978

Bauen + Wohnen 12/1975

BDA-Preis Bayern 1975
Anerkennung

1974/76
EDV-Verwaltungsgebäude
der Landeshauptstadt
München

1974/77
Heizzentrale der OSLW
und des Flughafens
Fürstenfeldbruck

1974/77
Offiziersschule der Luftwaffe
OSLW
Fürstenfeldbruck

Hörsaalgebäude

Seite 152

Baumeister 10/1977

Seite 158

db Deutsche Bauzeitung
10/1976
 5/1978
Detail 1/1978
Baumeister 5/1978

Seite 164

Detail 4/1977
OFD Nachrichten 4/1977
Baumeister 5/1978
db Deutsche Bauzeitung 5/1978
Bauen + Wohnen 6/1978
Der Architekt 2/1977
DLW-Nachrichten 62/1978

Angewandte Entwurfsmethodik
für Architekten
J. Joedicke

Exkursionen
– wie 1973 nach Berlin –
fördern die Diskussion im Büro
und die Auseinandersetzung
mit der gemeinsamen Arbeit

BDA-Preis Bayern 1977
Anerkennung

1974/77
Offiziersschule der Luftwaffe
OSLW
Fürstenfeldbruck

Brückenbauwerke

Seite 164

1974/77
Offiziersschule der Luftwaffe
OSLW
Fürstenfeldbruck

Unterkünfte

Seite 164

1975
Hauptschule Herrsching
Herrsching/Ammersee

Wettbewerb

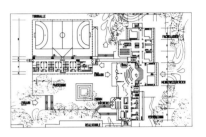

Weihnachtsfeiern
Nicht nur Rückblick und Jahres-
schluß. Essen und Trinken hält
Leib und Seele und das Büro zu-
sammen. Die „Ackerzeitung" er-
scheint im Dezember 1974 und
läßt alle in die Interna schauen.

1975
Flughafen München II
München

Wettbewerb

Baumeister 12/1975
Bauen + Wohnen 2/3/1976

1975
Fachakademie für Augenoptik
München

Wettbewerb

1975
BDA-Preis Bayern
Forum der Universität Regensburg

Die Studienreise nach England 1975 gibt Anstöße für Wohnungs-, Büro- und Institutsbauten und Möglichkeiten zu Fort- und Weiterbildung.

„Das Forum der Universität Regensburg ist ein Beispiel dafür, daß mehrere Architekten, die für verschiedene Baugruppen verantwortlich sind, die Fähigkeit haben, selbst mit unterschiedlichen Auffassungen über Architektur und mit unterschiedlichen Architekturkonzepten auch bei einer großen Bauanlage zu einem übereinstimmenden Ganzen zu kommen."
Prof. Walter Belz
Prof. Franz Füeg
Prof. Gustav Peichl

1977
Essotankstelle

Wettbewerb

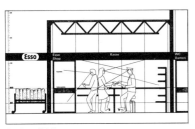

Seite 176

Baumeister 4/1978

1977
Verwaltungsgebäude BMW
Dingolfing

Wettbewerb

Bauwelt 40/1977
Baumeister 10/1977

1972/77
Verwaltungsgebäude VBB
München

Wettbewerb

Seite 180

1977/78
Zementwerk Märker
Harburg/Schwaben

Kalkwerk

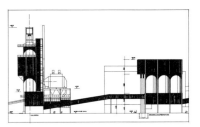

1977
Berufsschulzentrum
Ingolstadt

Wettbewerb

1977
Architekturpreis Beton
Anerkennung
Forum der Universität Regens-
burg

1978
Ernährungs- und Sozialmini-
sterium Stuttgart

Wettbewerb

1978
Kläranlage München II
Dietersheim

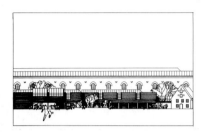

Bauen + Wohnen 11/1977

Seite 186

„Der in großen Mengen verwen-
dete, innen und außen dominierende Beton hat eine Gestaltung
erfahren, die keinerlei Ermü-
dung aufkommen läßt. Darüber-
hinaus findet die außerordent-
liche städtebauliche Qualität
dieser Arbeit selbst im Detail
noch ihre Unterstützung."
Hans Busso von Busse
Prof. Dr. Justus Dahinden
Prof. Erwin Heinle
Prof. Gerhart Laage
Dr. Ing. Horst-Peter Oltmanns
Eberhard Schulz

**Haus Eugen Höfter
Neuhausen bei Mainburg**

Einfamilienhaus
Planungsbeginn: 1958
Baufertigstellung: 1959

1 Eingang
2 Diele
3 Mädchenzimmer
4 Speisekammer
5 Küche
6 Wirtschaftsraum
7 Wohnraum
8 Eltern
9 Ankleide

10 Kinder
11 Gäste
12 Bäder

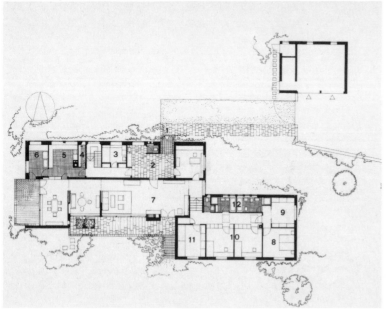

In der Holledau steht die Gruppe von drei Baukörpern für das Wohnhaus eines Ziegeleibesitzers. Die erdgeschossigen Baukörper haben ein flachgeneigtes Giebeldach in Ost-West-richtung. Die Kastenrinnen bilden den Dachfuß. Der Grundriß und die Fassaden zeigen Ab-wechslung zwischen geschlossenen Wänden und größeren zusammenhängenden Fensterflächen innerhalb der einzelnen Räume wie auch nach außen. Wohn- und Schlafbereich haben eine klare Zweiteilung.

**Hopfenhalle HVG
Mainburg**

Lager- und Aufbereitungshalle
Wettbewerb
Planungsbeginn: 1957
Baufertigstellung: 1958

Hopfenaufbereitungsanlagen müssen als Industrieanlagen geplant werden. Das verlangt neben anderen Aspekten der Produktionsfluß. Durch ihr Bauvolumen sprengen sie notgedrungen den Maßstab der ländlichen Hopfenanbaugebiete. Kurze Transportwege bedingen aber den Standpunkt im Anbaugebiet. Es wäre nicht sinnvoll, Hopfenhallen als zweigeschossige Bauanlagen zu bauen oder sie den Bauernhäusern anzupassen.

Der erstmals entwickelte Arbeitsablauf bringt eine schnelle Abfertigung und eine wirtschaftliche Aufbereitung durch Einsparung von Transportmitteln und -wegen. Der in der Annahme registrierte Hopfen wird in Aufzügen in die Lagergeschosse transportiert. Dort werden die Partien zusammengestellt und in das oberste Geschoß gebracht. Durch den vertikalen Produktionsfluß wird der Hopfen der Schwerkraft folgend in den einzelnen Arbeitsgängen aufbereitet, präpariert und zum Erdgeschoß gebracht.

Die Lagerflächen müssen Brandabschnitte aufweisen und sollen durch das gewählte Konstruktionsprinzip in der Nutzung nicht beeinträchtigt sein.

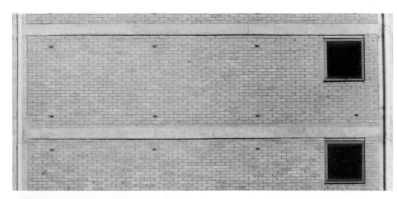

Das Tragwerk ist als Stahlbetonskelett mit Ortbetonunterzügen ausgebildet, Sekundärträger in Stahlbetonfertigteilen. Auf diesem Trägerrost liegt eine Holzbalkendecke mit Holzbelag. Dieser Baustoff gilt für Hopfenlagerung als besonders geeignet. Alle Außenwände sind zweischalig, daher konnten die Stützen ohne zusätzliche Isolierung außen sichtbar belassen bleiben. Die Fassaden erhielten dadurch eine klare Gliederung, die das Spannungsverhältnis zwischen kleinen Fenstern und großen Mauerflächen unterstreicht.

Die Hopfenballen werden aufgeschnitten, die Hopfendolden gereuttert und gesiebt, um Stiele und Blätter zu entfernen. Nach der Aufbereitung wird der Hopfen unter hydraulischem Druck in Ballons verpackt

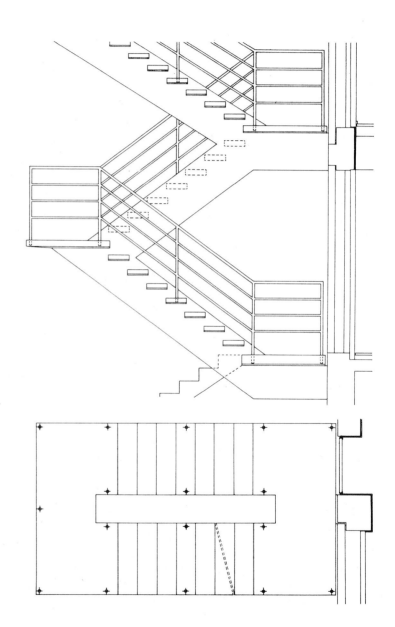

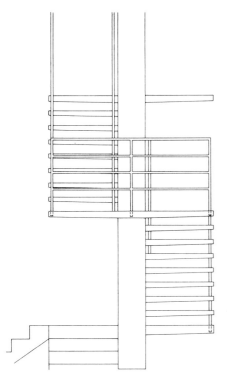

Die Fluchttreppe ist von jedem
Geschoß aus erreichbar. Die
Kragelemente und die Podest-
platten sind in Ortbeton ausgeführt. Die Trittstufen sind als
Fertigteile in die Kragbalken ein-
gespannt. Die Sichtbeton-
flächen sind unbehandelt, das
Stahlrohrgeländer weiß gestrichen.

Das Wohnhaus liegt an einem bewaldeten Hang, der nach Westen zum Ammersee abfällt. Erschlossen ist es von der vorbeiführenden Straße. Durch das starke Hanggefälle mußte das Haus in zwei Wohnebenen aufgeteilt werden, wobei die obere Ebene im wesentlichen die Wohn- und Schlafräume der Familie aufnimmt und im Untergeschoß das Gast- und Spielzimmer sowie die Nebenräume liegen. Als Konstruktion wurde ein Stahlskelett gewählt, das hangwärts auf einer optisch nicht sichtbaren Platte ruht. Die Rahmenkonstruktion ermöglicht, freie und geschlossene Räume nach Bedarf einzubauen. Das dunkelgrau gestrichene Stahlskelett wurde mit Wandelementen aus Glas und Holz ausgefacht.

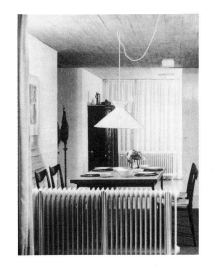

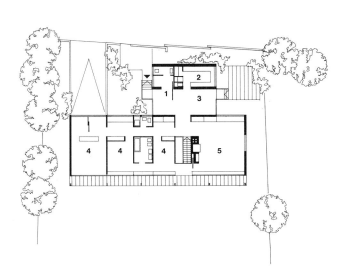

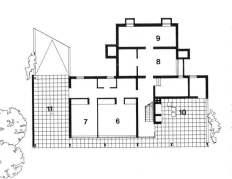

Zugang über Küchenanbau mit
Garderobe (1), Küche (2) und
Eßplatz (3). Fließende Raum-
folge im Obergeschoß, dem
eigentlichen Familienbereich
mit 3 Schlafräumen (4) und
dem Wohnraum (5). Im Untergeschoß Gast (6) und Spielzimmer (7), Waschküche (8) Heizung (9) sowie ein offener
Kaminplatz (10) mit überdeckter
Terrasse und den Wagenabstell-
plätzen (11).

Weitgehende Öffnung des
Hauses nach Süden und Westen
mit Blick über den Ammersee.

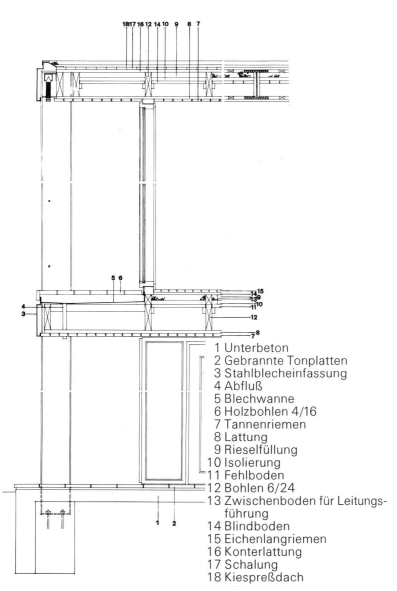

1 Unterbeton
2 Gebrannte Tonplatten
3 Stahlblecheinfassung
4 Abfluß
5 Blechwanne
6 Holzbohlen 4/16
7 Tannenriemen
8 Lattung
9 Rieselfüllung
10 Isolierung
11 Fehlboden
12 Bohlen 6/24
13 Zwischenboden für Leitungs-
   führung
14 Blindboden
15 Eichenlangriemen
16 Konterlattung
17 Schalung
18 Kiespreßdach

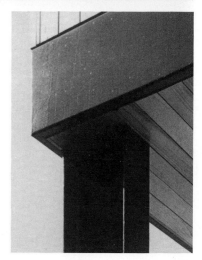

Sechs Stahlrahmen auf Einzel-
fundamenten, auf der Ostseite
in die Erddruckwand einge-
spannt. Dazwischen Holzbohlen
mit Fehlboden und Isolierung.
Unterseite mit Tannenriemen
verkleidet. Dreilagig gedeck-
tes Kaltdach. Außenwände
geschoßhohe Gasbetonplatten
mit Elementen aus Tannenriemen verkleidet. Sichtmauer-
werkteile Ziegel weiß ge-
schlämmt. Fußböden Eichen-
holzlangriemen, Vorräume und
Terrassen: Gebrannte Tonplatten. Holzfensterelemente Son-
nenjalousetten.

Ansicht von Süden mit über-
decktem Sitzplatz

Der Kamin im Wohnraum mit
Blick zu den Schlafräumen

43

Haus Dr. Kammermeier
München

Einfamilienhaus
Planungsbeginn: 1962
Baufertigstellung: 1963

Das Haus steht am Stadtrand von München in einem eingemeindeten Ortsteil, der noch ganz den Charakter eines Dorfes bewahrt hat. Das Grundstück hat einen reichen Baumbestand und wird auf der einen Längsseite von der Würm, einem kleinen Fluß von etwa 6 m Breite, begrenzt. An der anderen Grundstücksgrenze führt eine stark befahrene Straße vorbei, die die Gestaltung des Hauses wesentlich beeinflußt. Ein großer Fischweiher, etwa 20 m vor der Südseite, gibt der ganzen Anlage eine reizvolle Kulisse.

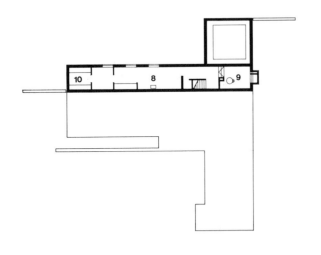

Wohn- und Eßräume (1) sind weitgehend aufgeglast und haben eine enge Verbindung zum Garten (2) und zu einem überdeckten Kaminplatz (3). Anschließend daran die Schlafräume (4), im Norden Küche (5), Arbeitszimmer (6) und Bad (7). Im Untergeschoß Waschküche (8), Heizung (9) und eine Sauna (10). Zur Straßenseite hin ist das Haus durch Mauerscheiben geschlossen.

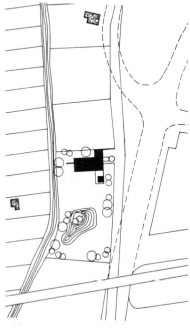

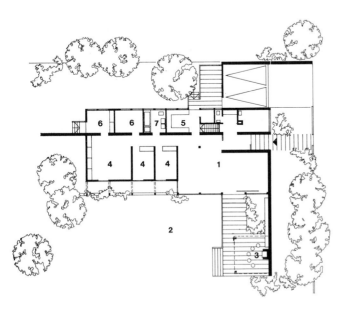

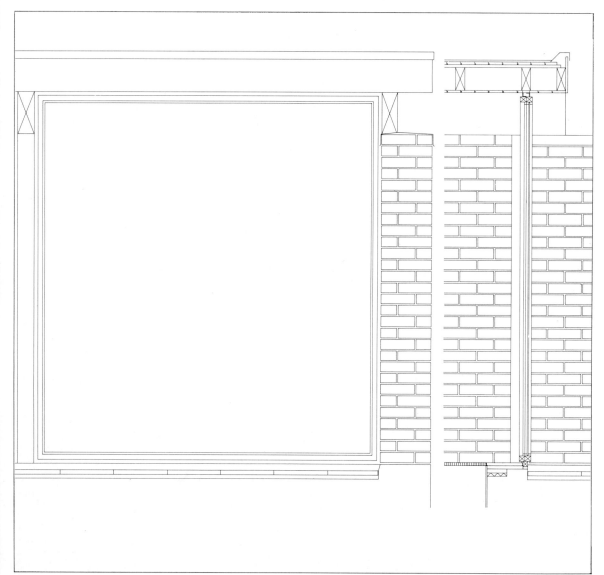

Holzskelettkonstruktion, Stützenabstand 2,70 m. Die verleimten Holzbinder sichtbar, darüber Decke aus Fichtenriemen. Stützenfelder mit Wandelementen aus Holz und Glas geschlossen. Die aussteifenden Ziegelwände in Sichtmauerwerk weiß gestrichen. Fußboden in gebrannten roten Tonplatten oder Fichtenlangriemen.

Zweigstelle Hypobank
München-Schwabing

Bankgebäude
Planungsbeginn: 1961
Baufertigstellung: 1966
BDA-Preis Bayern 1967

Die Hypobank München-Schwabing an der Ecke Feilitzschplatz und Feilitzschstraße brachte eine Reihe städtebaulicher und bautechnischer Probleme. Das Gebäude mußte sich neben der Baumasse des gegenüberstehenden Schwabinger Bräus behaupten und war in ein völlig uneinheitliches Straßenbild einzufügen. Den reibungslosen Funktionsablauf des Bankbetriebs und die beengten Grundstücksverhältnisse verlangten von der Bauherrschaft neue Wege. Bautechnische Schwierigkeiten waren hinsichtlich der Fundierung zwischen kriegsbeschädigten Altbauten, der komplizierten Tresoranlage im Grundwasser und des knappen Baustellenzuschnitts zu überwinden.

Alle Bankgeschosse werden durch einen eigenen Aufzug erschlossen; dem bürointernen Betrieb dient ein Aktenaufzug. Von der Eingangshalle nach unten sind Tresorvorraum und Tresor zugänglich; im übrigen enthält das Kellergeschoß noch Registraturräume. Die beiden obersten Geschosse, die einen eigenen Zugang mit Treppe und Lift haben, sind als vermietbare, variabel aufzuteilende Bürogeschosse ausgebildet. Im zurückgesetzten Dachgeschoß liegen zwei Wohnungen mit großer Dachterrasse.

Blick von der Galerie der Kassenhalle auf die freitragende Wendeltreppe

Blick auf die Westfassade mit herabgelassenen Sonnenstores

49

Von den Arkaden (1) aus, die die Treppen des U-Bahnhofs aufnehmen, wird die Eingangs- und Empfangshalle (2) betreten. Hier ist ein Schnellschalter eingebaut (3) der auch von den Arkaden aus benutzt werden könnte, aber nie benutzt wurde. Von der Empfangshalle führt eine geschwungene Stahltreppe (4) in die Schalterhalle im ersten Obergeschoß (5), die durch zwei Geschosse reicht und eine offene Arbeitsgalerie besitzt. Über eine interne Wendeltreppe (6) werden die Arbeitsplätze der Galerie erreicht. Im dritten Obergeschoß liegen die Räume der Direktion (7), der Raum für Buchungsmaschinen, die Registratur, die Garderoben und der mit Küche versehene Aufenthaltsraum für das Personal.

rechts oben
2. Obergeschoß –
Arbeitsgalerie

links unten
Erdgeschoß –
Eingangshalle

rechts unten
1. Obergeschoß –
Kassenhalle

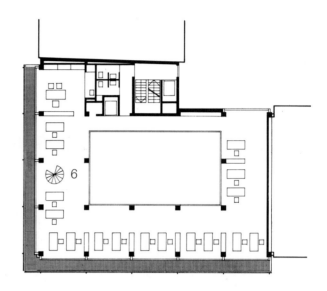

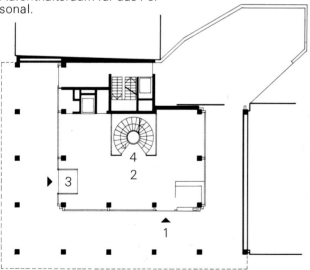

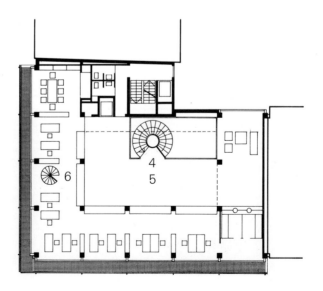

50

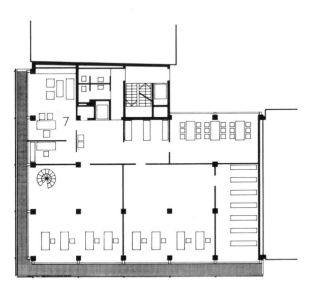

3. Obergeschoß mit interner
kleiner Wendeltreppe

zweigeschossige Kassenhalle

Fassadenschnitt
1 Kiespreßdach
2 Sonnenstores
3 Schiebeflügel + Dauerlüftung
4 Geländer mit Glasfüllung
5 Begehbare Dachterrasse
6 Betonfertigteil
(Dyckerhoff-weiß)
7 Aluminiumfenster festver-
glast
8 Abgehängte Metallakustik-
decke mit Einbauleuchten
9 Putzbalkon
10 Gitterrost mit Butylhaut-
wanne
11 Installationswanne
12 Heizkonvektor
13 Stahlbetonfertigteilstütze
(Dyckerhoff-weiß)
14 Außengeländer in Alumi-
nium-Rohr

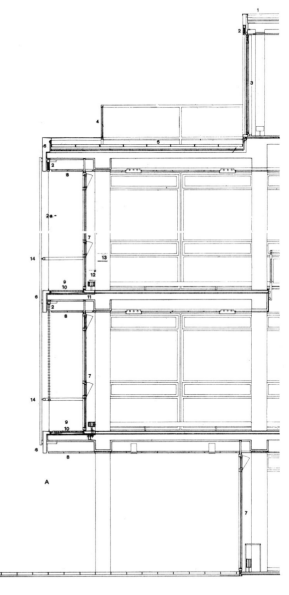

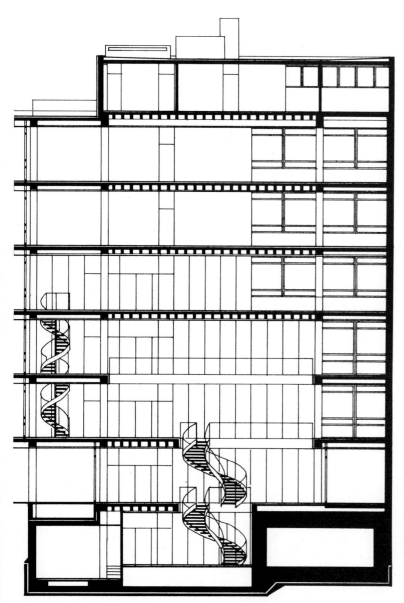

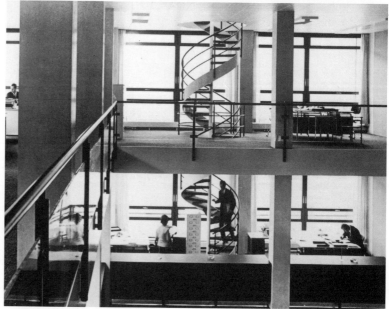

Stahlbetonskelettkonstruktion
mit auskragenden Deckenplat-
ten. Stützenraster 4,25 x 4,25 m.
Stützen aus vorgefertigten wei-
ßen Sichtbetonteilen, an Ort und
Stelle mit Ortbetondecken ver-
bunden. Stahlbetongrund-
wasserwanne mit Tresoranlage.
Fußboden Eingangshalle und
Tresorvorraum: Granitplatten.
Schalterhalle und Arbeitsgalerie:
Hochfloriger Teppich. Schalter-
halle: Wandverkleidung in
Eichenholzelementen

Die Arkade im Erdgeschoß, die
später ihre Fortsetzung findet,
nimmt auch die Zugänge zur
U-Bahn auf.

Wohnanlage Höfter
München

1. Bauabschnitt einer Wohn-
bebauung
Planungsbeginn: 1962
Baufertigstellung: 1963

12 Wohnungen, nach den Richtlinien des sozialen Wohnungsbaues, liegen bei diesem Wohn-
block als Zweispänner an zwei
Treppentürmen. Die Stahlbetonstützen – Achsabstand 1,25 m –
ermöglichen bei gleicher Grund-
fläche in allen Wohnungen
durch Versetzen der nichttra-
genden Zwischenwände ver-
schiedene Aufteilungen in den
Schlafräumen.
        Die Außenwand besteht
aus vorgefertigten, geschoßhohen Holzelementen, die auf

Brüstungshöhe holzverschalt
und isoliert sind. Vorgefertigt
sind auch die Balkonbrüstungen
aus Betonteilen.
        Der Grundriß sieht 3- bzw.
4-Zimmerwohnungen vor. Die
Naßzelle mit Bad, WC und
Küche liegt an der Wohnungs-
trennwand, so daß die Zusam-
menfassung aller Installations-
leitungen für je 6 Wohnungen in
einer Wand möglich war.

Ansicht von der Westseite

1 Flur
2 Garderobe
3 WC
4 Bad
5 Küche
6 Kinder
7 Eltern
8 Wohnraum
9 Loggia

Ansicht von der Ostseite mit
Eltern- und Kinderzimmer

Ansicht von Süd-Westen; ge-
schoßhohe Verglasung der
Wohnräume, Fensterbänder für
Küchen, Naturholzbrüstungen

Normalgeschoß mit Raumauf-
teilungsvarianten

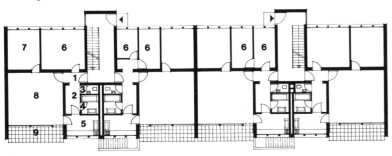

**Zementwerk Märker
Harburg/Schwaben**

Werksplanung und Bebauung
Planung ab: 1958
BDA-Preis Bayern 1971

Mischbettanlage:
Rohmateriallagerung und Ver-
mischung durch speziellen Auf-
und Abbau.

Kalkmehl- und Packanlage:
Weiterverarbeitung des Roh-
kalks zu Feinkalken und Kalk-
hydraten. Verpacken in Säcken
oder Versand in Silofahrzeugen
auf Straße und Schiene.

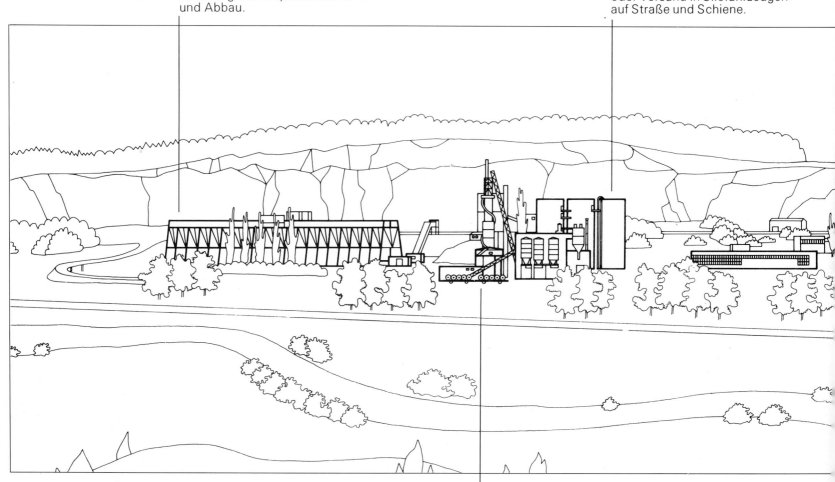

Kalkschachtofen: Brennen von
Stückkalk als Rohprodukt zur
Weiterverarbeitung

Homogenisierungsanlage: Homogenisieren des Rohmehls in Doppelstock-Mischkammersilos, zugleich Lagerkapazität.

Rohmühlen- und Ofenanlage mit Wärmetauscherturm. Trocknen und Vermahlen des Rohmaterials in der Mahlanlage unter Verwendung der Ofenabgase. Erhitzen des Rohmehls im Wärmestrom innerhalb des Wärmetauscherturms und Brennen im Drehofen zu Zementklinker.

Klinkersilos: Staubfreie Lagerung des Klinkers.

Das Profil der Mischbettanlage wird bestimmt durch die Schüttkegel und den erforderlichen Arbeitsfreiraum für die Abbaukratzer. Fundamente, Boden- platten und Aussteifungspfeiler in Stahlbeton, Stützwände und Unterstützungskonstruktion für die Förderbänder in Stahlbetonfertigteilen.

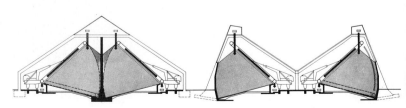

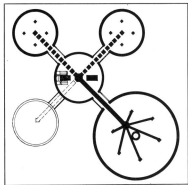

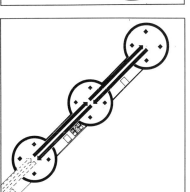

Die Homogenisierungs-Misch-
kammersilos wurden stern-
förmig zum zentralen Förder-
turm gestellt. Dadurch wurden
im Gegensatz zur aufgereihten
Anordnung kurze Versorgungs-
strecken erreicht. Außenwände
der Silos und des Förderturms
in Stahlbeton im Gleitverfahren.
Bühnen im Turm in Stahlprofilen
und in den Silos in Stahlbetonfertigteilen.

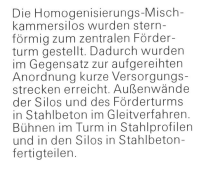

Die hohle Mittelsäule entlüftet
die kegelstumpfförmige Misch-
kammer und nimmt die Vertikal-
lasten der Silodecke auf.

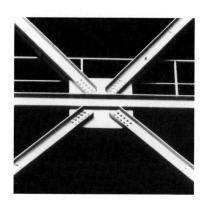

Die Unterstützungskonstruktionen für die betriebstechnischen Einrichtungen sind überwiegend als Stahlskelett errichtet und bei erforderlichem Wetterschutz mit leichten Wandelementen wie Asbestwellplatten und Trapezblechen verkleidet. Durch diese flexible Bauweise wird eine Anpassung der Aggregate an die ständige Weiterentwicklung des Produktionsprozesses ermöglicht.

Die Drehofenanlage mit dem Wärmetauscherturm und der zugeordneten Rohmahlanlage sind von zentraler Bedeutung für das Werk. Die Außenwände sind aus schalltech-nischen Gründen in Stahlbeton erstellt. Der Elektrofilter zwischen dem Mühlengebäude und dem Ofen steht frei auf einer Stahlunterkonstruktion. Bei den gewählten Konstruktionen ist eine gute Ablesbarkeit der Funktionen und des Kräfteflusses möglich.

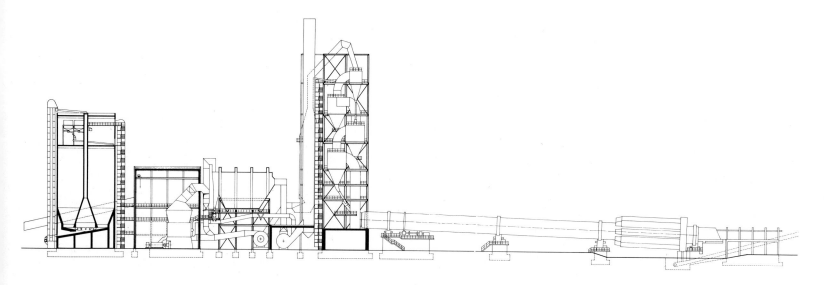

Zum Wärmetauscherturm wurden Konstruktionsalternativen entwickelt. Lösung A: Stahlbetonhalbschalen mit Stahlrosten im Bereich der Bühnen. Lösung B: Senkrecht zueinander geordnete Stahlbetonwandscheiben mit Bühnen und äußerer Stützkonstruktion in Stahl. Lösung C: Stahlbetonskelett mit Stahlbetonbühnen. Die gewählte Stahlskelettkonstruktion erfüllt maximal die Forderungen.

A   B   C   D

der Funktion (Flexibilität), der Ausführung (kurze Termine), und der Gestaltung (hohe Transparenz).

Einen besonderen Akzent bilden
die schlanken Doppelstock-
homogenisierungssilos.
Außen ablesbar sind die Rippen
der Vorspannung.

**Heizwerk Bundesmonopol-
verwaltung für Branntwein
München**

Kesselhaus + Maschinenhaus
Planungsbeginn: 1962
Baufertigstellung: 1962

Das Heizhaus dient als Ersatz für die überholte Kraftzentrale. Es versorgt das Werk mit Dampf und Kraftstrom. Es wurden 2 Dampfkessel mit 20 atü einge-baut, die je 6 t Dampf/h erzeu-gen bei einem Bedarf von 18000 Gcal. 1 Notstromaggregat mit 120 KVA, 1 Pumpenstation, die Warmwasserbereitung und die elektrische Schaltzentrale für die Gesamtanlage des Werkes. Die Anlage wurde bewußt mit einfachen technischen Mitteln gestaltet.

Die Glaswände sind als kittlose Verglasung mit Lüf-tungsflügeln konstruiert. Nach Westen wurde Thermolux ver-wendet.

Konstruktion: Raumabschluß zweischalig: Außenschale Sichtbeton, innen 12 cm Vor-mauerziegel weiß geschlämmt, mit Styroporisolierung. Das Dach wurde so konstruiert, daß sich die Dachplatte bei evtl. auf-tretenden Explosionen abhebt.

1 Pumpenraum
2 Kesselhaus
3 Schaltwarte
4 Lager
5 Umkleide- und Waschraum
6 Vorraum
7 Kamin

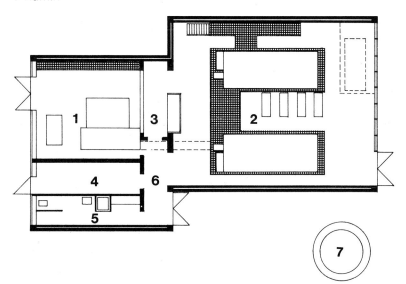

**Haus Dr. Fischer
München**

Einfamilienhaus
Planungsbeginn: 1963
Baufertigstellung: 1964

Vorstadtsituation, Mischbebauung einstöckig, zweistöckig, steildachbedeckt, flachdachbedeckt, mit und ohne Dachausbauten, ergab die Möglichkeit, sich der Umgebung nicht anpassen und unabhängig von den Nachbarn bauen zu können. Ein umfangreiches Raumprogramm auf relativ kleinem Grundstück führte zu der zweistöckigen Lösung. Das Haus öffnet sich nach Süden dem Garten zu. Die West- und Ostseite dagegen sind völlig geschlossen, um Abstand zu den Nachbarn zu erhalten.

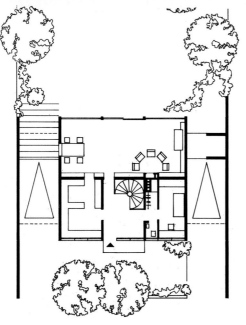

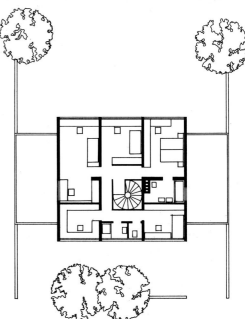

Es ist ein klar gegliederter
Grundriß mit 3 x 2 Achsfeldern
gewählt worden. Im Obergeschoß entspricht je ein Süd-
zimmer einem solchen Feld.
Zwei Kinder haben 1 1/2 Felder,
wobei das halbe Feld zum
Schlafbereich gehört. Das
Elternschlafzimmer beansprucht
ein Feld, dazu ein halbes Feld
mit Bad.

Man betritt das Haus in der
Mittelzone · Hier liegt auch, mit
Lichtkuppelbeleuchtung, eine
Stahlwendeltreppe. Das Wohn-
zimmer erstreckt sich über die
ganze südliche Hausbreite.
Diese strenge Ordnung kommt
der Konstruktion entgegen. Ein
Stahlbetonskelett wurde mit
Sichtmauerwerk ausgefacht.
Geschoßdecken sind ebenfalls
in Stahlbeton ausgebildet, das
flache Warmdach als Kiespreßdach mit Innenentwässerung.
Alle Fensterelemente sind aus
Afzeliaholz natur mit Isolierglas,
nach Süden mit Sonnenmar-
kisoletten und Dauerlüftung.
Stahlbetonskelett und Aus-
fachung weiß geschlämmt.
Fußböden teppichbespannt, in
den Wirtschaftsräumen groß-
formatige Tonplatten.

**Feuerwache 4
München**

Gerätehaus, Werkstätten und
Wohnungen
Planungsbeginn: 1964
Baufertigstellung: 1970

Innerhalb einer bestehenden
bzw. vorgesehenen geschlossenen Bebauung war die Feuerwache zu bauen mit 3 grund-
verschiedenen Raumgruppen
und unterschiedlichen Ge-
schoßhöhen.
Im Erdgeschoß: Gerätehaus,
Fahrzeughalle, Zentrale.
Im 1.–2. Obergeschoß: Verwal-
tungs- und Mannschaftsräume,
Werkstätten.
Im 3., 4. und 5. Obergeschoß:
Wohnnutzung.
   Diese verschiedenartigen
Funktionen erfüllte am besten
eine Stahlbetonskelett-Kon-
struktion (Achsmaß 4,85 m) mit
Stahlbetonscheiben zu den
Nachbargrundstücken. Fassade
mit vorgesetzten Stahlbetonstützen, nach oben dem Kräfte-
fluß folgend verjüngt. Stahlbe-
tonbrüstungen und zurückge-

setzte dunkelfarbige Fensterbänder. Der Treppenturm im
Hof dient gleichzeitig der Feuerwehr für Steigübungen.

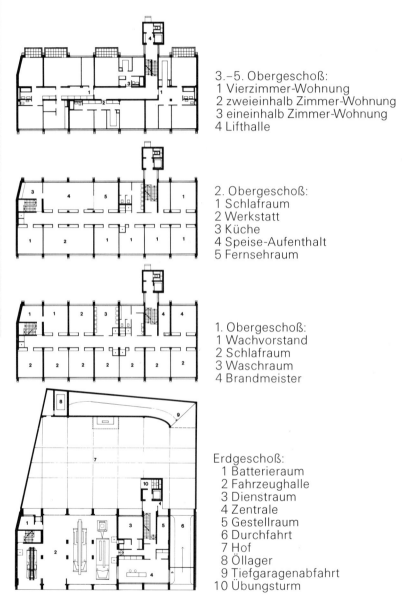

3.–5. Obergeschoß:
1 Vierzimmer-Wohnung
2 zweieinhalb Zimmer-Wohnung
3 eineinhalb Zimmer-Wohnung
4 Lifthalle

2. Obergeschoß:
1 Schlafraum
2 Werkstatt
3 Küche
4 Speise-Aufenthalt
5 Fernsehraum

1. Obergeschoß:
1 Wachvorstand
2 Schlafraum
3 Waschraum
4 Brandmeister

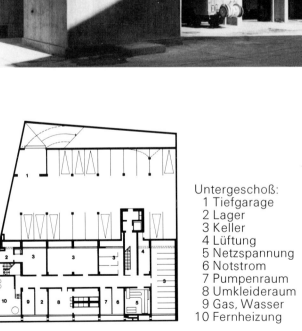

Untergeschoß:
1 Tiefgarage
2 Lager
3 Keller
4 Lüftung
5 Netzspannung
6 Notstrom
7 Pumpenraum
8 Umkleideraum
9 Gas, Wasser
10 Fernheizung

Erdgeschoß:
1 Batterieraum
2 Fahrzeughalle
3 Dienstraum
4 Zentrale
5 Gestellraum
6 Durchfahrt
7 Hof
8 Öllager
9 Tiefgaragenabfahrt
10 Übungsturm

69

Kinderspielplatz
Das flache Dach der Feuerwache wurde zu einem Dach-
garten-Kinderspielplatz ausgebildet. Das Grundstück ist so
stark durch die Feuerwehr fre-
quentiert, daß eine ebenerdige
Anlage zu gefährlich und damit
unmöglich war.

Der Dachgarten wird von
kleinen und großen Kindern,
Eltern, Freunden und Nachbarn
benützt. Hier ist der Ausgleich
für den Verlust der früher unge-
fährlichen Straße, der Bäume,
des Grüns und der verwinkelten
Höfe.

Der Spielplatz ist in Beton
ausgebildet, mit Holz- und Gum-
mielementen verbunden und
mit Primärfarbe angestrichen.

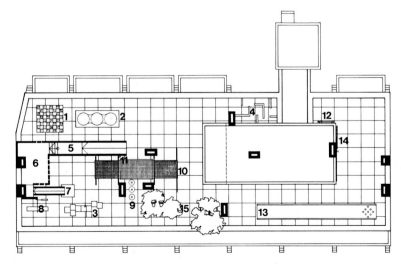

1 Schach – Domino
2 Sandkasten
3 Holzklötze
4 Irrgarten
5 Lauf- und Fahrrampe
6 Spielburg
7 Rutschbahn
8 Schaukel
9 Kletterstangen
10 Klettertaue
11 Fahnen
12 Ballettstange
13 Kegelbahn
14 Tafel – Spiegel
15 Bäume (Robinien)

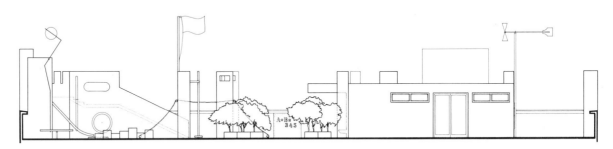

Flughafen Neubiberg bei München

Im südwestlichen Bereich des
Flughafengeländes wurde eine
Mehrzweckhalle Ausbildung
und Sport A, fünf Lehrwerkhallen B und eine Zentralwerkstätte C errichtet. Die Gebäude
wurden um einen zentralen
Verkehrshof gruppiert.

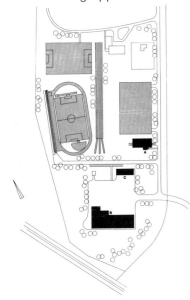

Zentralwerkstätte
Tragwerk aus Stahlbetonfertigteilen mit vorgehängter Stahl-
fassade mit Drahtglas, Schwer-
beton-Sandwichplatten. In der
Werkstatt werden Demonstra-
tionsmodelle hergestellt und
kleine Reparaturarbeiten durch-
geführt.

Lehrwerkhallen
Nach Nord-Süd orientierte und
von Ost nach West gestaffelte
Fertigteilhallen aus Stahlbeton
mit Shed-Oberlichtern, zweige-
schossiger Kopfbau mit Lehr-
mittel-, Praktikums- und Dozen-
tenräumen. Fenster in Stahlkonstruktion mit Isolierglas bzw.
Thermexglas. Geschoßhohe
Stahlfalttore 20 x 5 m.

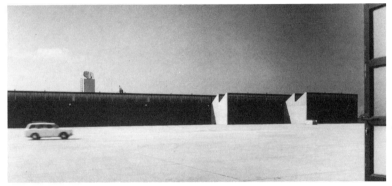

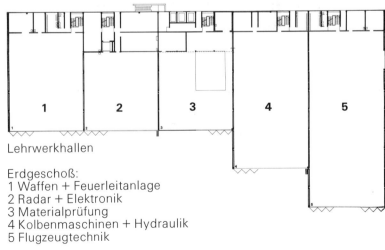

Lehrwerkhallen

Erdgeschoß:
1 Waffen + Feuerleitanlage
2 Radar + Elektronik
3 Materialprüfung
4 Kolbenmaschinen + Hydraulik
5 Flugzeugtechnik

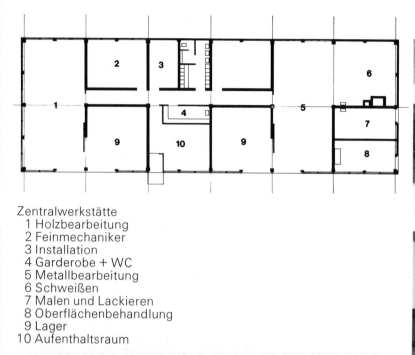

Zentralwerkstätte
 1 Holzbearbeitung
 2 Feinmechaniker
 3 Installation
 4 Garderobe + WC
 5 Metallbearbeitung
 6 Schweißen
 7 Malen und Lackieren
 8 Oberflächenbehandlung
 9 Lager
10 Aufenthaltsraum

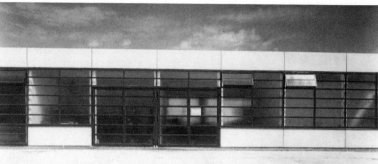

Mehrzweckhalle
Eine Halle mit Fertigteilstützen
und vorgespannten Bindern mit
einem Hauptraum 20/45 m,
Nebenräumen und Sanitär-
räumen. Stirnseiten mit vorge-
hängten Schwerbeton-Sand-
wichplatten. Die Längsseite ist
eine vorgehängte Stahlrahmenkonstruktion mit Sicherheitsver-
glasung.

**Werksplanung Götz
Metallbau
Deggendorf**

Lager- und Fertigungshallen,
Heizhaus
Planung: ab 1965

Die Werksplanung wurde maßgeblich von dem vorhandenen
Verwaltungsgebäude, der Halle
I, dem Pförtnergebäude von der
Hanglage des Werksgeländes
und von der Nutzung der Gebäude bestimmt. Die verschiedenen und vielfältigen Fertigun-
gen erforderten flexible Arbeits-
flächen in großräumigen Hallen.
Die Lagerräume für das Roh-
material und für die Fertigpro-
dukte sind schwerpunktmäßig
angeordnet, während die Lagerflächen für die Halbfertigpro-
dukte den Arbeitsbereichen zugeordnet sind. Die Wärmever-
sorgung des Werks erfolgt über
ein zentrales Heizhaus.
    Den Stahlskeletttragwerken
ist ein Raster von 8,00 x 8,00 bzw.
8,00 x 16,00 m zugrundegelegt.
Die Fassaden der Hallen bestehen aus einer Sprossenkon-
struktion aus Aluminium, ausge-
steift durch senkrechte, innenliegende Stahlprofile. Die nicht
verglasten Außenflächen des
Heizhauses und der Lagerhalle
sind mit Aluminiumtrapez-
blechen verkleidet.

Halle 6
Halle 10
Halle 9
Halle 4
Halle 7
Halle 11
Halle 5
Heizhaus
Lager
Eloxalwerk
Halle 2
Halle 3
Halle 8
Wohnhaus (Seite 118)
Halle 1
Sozialgebäude
Parkplatz
Verwaltung
Bundesstraße

**Wohnanlage Moll
München**

Wohnanlage
Planungsbeginn: 1966
Baufertigstellung: 1970
BDA-Preis Bayern 1971
Förderpreis der deutschen
Ziegelindustrie
Preis für guten Wohnungsbau

Die Wohnanlage für 65 Wohnungen liegt in einem uneinheitlichen Wohn- und Mischgebiet. Es war die übliche Straßenrandbebauung vorgesehen. Aufgrund einer guten städtebaulichen Einordnung war die Stadtplanung bereit, das Konzept des Architekten zu übernehmen, die Durchgangsstraße aufzuheben und Anliegerstraßen für die Erschließung zu schaffen. Die umgebende Bebauung im Westen, Norden und Nordosten sind 4- bis 8-geschossige Häuser, im Südosten grenzt eine ausgedehnte romantische Schrebergartenanlage an.

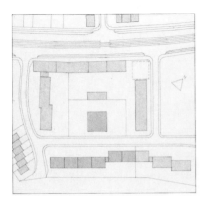

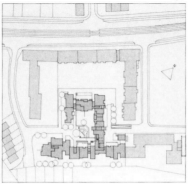

links:
Bebauungsplan

rechts:
Lageplan der Wohnanlage

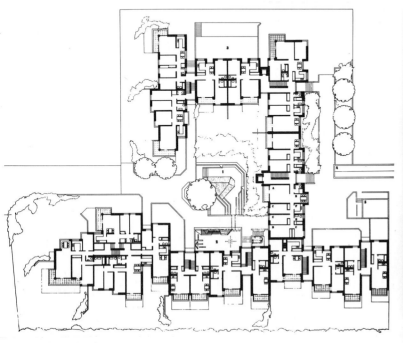

Normalgeschoß:
1 Kinderspielplatz
2 Spielhof
3 Spielwiese
4 Rampe Tiefgarage
5 Mülltonnen

A Wohnzimmer
B Eßplatz
C Kinderzimmer
E Bad
F Küche

Die gesamte Wohnanlage besteht aus sechs verschieden hohen und in sich versetzten 3- bis 5-geschossigen Häusern und einer Tiefgarage mit 40 Stellplätzen. Die halbgeschossige Niveauversetzung der Gebäude gegeneinander verhindert die nachbarliche Einsicht und ergibt die topografische Modellierung des Geländes.

1. Terrassengeschoß:
1 Terrassenwohnung
2 Maisonette-Wohnungen
3 zweigeschossige Terrassenwohnung

Alle Gebäudeteile sind zusammengebaut und ordnen sich hufeisenförmig um einen Hof. Der Südostteil wurde im Osten bis zur angrenzenden Nachbarbebauung geführt und direkt angebaut.

2. Terrassengeschoß:
2 Obergeschoß Maisonettewohnung
3 Obergeschoß Terrassenwohnung

65 Wohnungen und 1 Büro
Hiervon
 1 Maisonettewohnung:
 7 Zimmer, 2 Bäder, 1 Sauna,
 1 Küche und Dachterrasse
 2 Maisonettewohnungen:
 5 Zimmer, 1 Bad, 1 Küche,
 1 Dachterrasse

 1 Dachterrassenwohnung:
 5 Zimmer, 1 Küche, 1 Bad,
 1 Dachterrasse
11 4-Zimmer-Wohnungen
12 3-Zimmer-Wohnungen
22 3 1/2-Zimmer-Wohnungen
16 2-Zimmer-Wohnungen

Die Wohnanlage ist als Massivbau in Ziegel mit Betondecken erstellt. Bedingt durch die vielen Vor- und Rücksprünge in der grundrißlichen Ausformung wurde ein einschaliges Ziegelmauerwerk gewählt, das aus klimatischen Gründen 49 cm stark ist.

Die tragenden Außenwände in Sichtmauerwerk sind in 49 cm starkem Verbundmauerwerk, bestehend aus VMZ 250 NF und MZ 150 NF gelocht, ausgebildet. Die Vormauerziegel sind mit den Mauerziegeln schichtgleich vermauert. Das Mauerwerk ist innen verputzt und im Bereich von Fensternischen 4,5 cm stark wärmeisoliert. Alle Wände im Innern, sowohl tragend (24 cm stark, HLZ 250/II und HLZ 150/II) wie nichttragend (11,5 cm HLZ 150/II) sind in Ziegel beidseitig verputzt hergestellt. Decken als Stahlbetonplattendecken, außen Sichtbeton. Fertigbetonteile wie Fenster-, Türstürze, Fensterbänke, Balkonbrüstungen. Dächer als Warmdächer, teils begehbar mit lose in Splitt verlegten Terrassenplatten, teils Kiespreßdächer und Rieselschüttung.

Die Gruppierung der Gebäudeteile um den Hof als Zentrum sollte dazu führen, daß sich eine Gemeinsamkeit bildet und die Kommunikation unter den Bewohnern erleichtert wird. Der Kinderspielhof bildet die Mitte, was den Eltern ermöglicht, die Kinder während des Spiels zu beaufsichtigen und die Begegnung und das Gespräch unter den Eltern fördert. Die Hofbildung ermöglicht außerdem die Abschirmung des Verkehrslärms. Die Räume der südöstlichen Gebäudeteile haben einen freien Ausblick über die Schrebergärten. Die Wohnungsgrößen sind stark gemischt, so daß es möglich war, auch die Altersstruktur in dieser Anlage zu differenzieren und die Möglichkeit gegeben ist, innerhalb der Wohnanlage umzuziehen.

Möglichst viele Wohn- und Aufenthaltsräume sind auf den Hof gerichtet, der als Spielhof mit Sitzbänken, Sandkästen, Kletterwänden und Kriechtunnel ausgestattet ist. Der Spielhof hat außerdem eine direkte Verbindung zu einem großen Hobbyraum als Spielraum bei Regenwetter für die Kinder.

Der Kriechtunnel verbindet den abgesenkten Spielhof mit dem kleinen Sandspielplatz inmitten des Hofes.

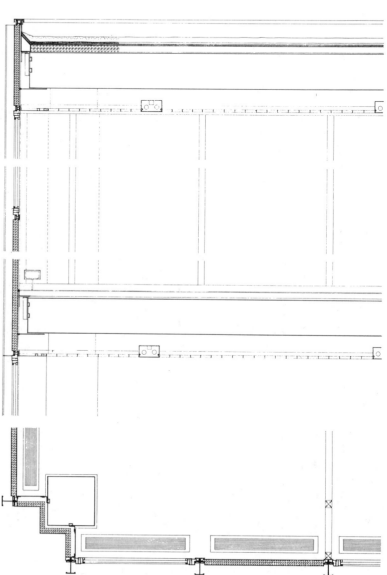

Auf einem Eckgrundstück im unheitlichen Gewerbegebiet wurde ein Bürogebäude mit vermietbaren, möglichst flexibel zu gestaltenden Büroflächen errichtet.

Das Gebäude hat in 4 gleichen Vollgeschossen und einem etwas kleineren Untergeschoß Büroflächen von je ca. 270 qm Nutzfläche. Außerhalb dieser Flächen liegen Treppenhaus und die Aufzugsanlagen.
Die räumliche Anordnung entspricht den vielseitigen Möglichkeiten, Büroflächen zu vermieten: Das Gebäude als Ganzes, jedes Geschoß einzeln, jede Gebäudeteilfläche getrennt.

Stahlbetonskelettkonstruktion
mit Stahlbetonstützen und
Deckenplatten. Ausbauraster
1,20 x 1,20 m, Konstruktionsraster 7,20 x 4,80 m, 6,00 x
4,80 m bzw. 3,60 x 4,80 m.
Raumunterteilungen als vorgefertigte montable Raumwände
mit Anschlußmöglichkeit an
jede Fensterachse. Abgehängte
perforierte Metallakustikdecken
mit deckenbündig eingebauten
Wannenleuchten. Vorhang-
fassade aus harteloxiertem
bronzefarbenen Aluminium mit
fest eingebauten isolierten
Brüstungspaneels und Dreh-
kippflügeln, Verglasung Isolierverbundglas.

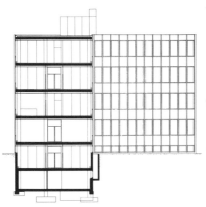

Querschnitt

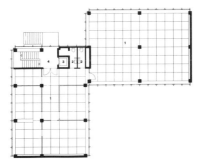

Grundriß:
1 vermietbare Bürofläche
2 WC
3 Aufzug
4 Treppe mit Vorplatz

Die Sonnenseiten erhielten
wärmeabsorbierendes bronze-
farbenes Isolierverbundglas.
Dach als Warmdach mit
Wärmeisolierung 3 Lagen
Pappe und Rieselschüttung,
Innendachentwässerung.

Forum der Universität Regensburg

Rektoratsgebäude und
Studentenhaus
Wettbewerb 1966
Planungsbeginn: 1969
Baufertigstellung: 1974
BDA-Preis Bayern 1975
Architekturpreis Beton 1977
Anerkennung
Fritz-Schumacher-Preis 1977
Anerkennung

Das Rektoratsgebäude im süd-westlichen und das Studenten-haus im nordwestlichen Teil des Forums umschließen einen kleinen, stufenförmig abgesenk-ten Platz, der im Westen des Forums von der Mensa begrenzt wird. Das Studentenhaus schließt im Norden an das zen-trale Hörsaalgebäude. Es ist durch eine offene, nach Süden verlaufende Brücke, die das Forum von dem abgesenkten Platz optisch trennt, mit dem etwas erhöht liegenden Rekto-ratsgebäude verbunden. Von hier führt ein breiter, ansteigen-der Weg nach Süden zum Insti-tutsgebäude der Mathematik.

Sämtliche Räume im Rektorats-gebäude sind für die Verwaltung der gesamten Universität vor-gesehen. Außer direkter bau-licher Anbindung an die Tief-garage unter dem Gebäude selbst sollten keine geschlos-senen baulichen Verbindungen zu anderen Gebäuden bestehen.

Erdgeschoß:
Die Räume mit dem stärksten Publikumsverkehr, wie Studentenkanzlei, akademisches Auslandsamt.

1. Obergeschoß:
Sämtliche Verwaltungsräume mit wenigem Besucherverkehr, wie die Abteilungen für Planung, Haushaltmittel, Personalfragen, Hochschulkasse

2. Obergeschoß:
Räume des Rektors, Prorektors, Kanzler und der Senatssaal. Dem kleinen, abgesenkten Forum, als Treffpunkt der Studenten, sind Läden (für allgemeinen Bedarf, Selbstbedienungsladen, Schreibwaren, Bücher usw.) zugeordnet.

Das Studentenhaus dient dem Studentenwerk. Es war ursprünglich auch für die studentische Selbstverwaltung (Asta) konzipiert, deren Bereiche dann vom Studentenwerk übernommen wurden. Sie bieten Möglichkeiten zur Begegnung durch Diskussionsräume, Lese- und Musikräume und das Studententheater. Ein Experimentiertheater mit den Möglichkeiten des Simultanspiels, des Spiels am Guckkasten und Arenabühnen. Unmittelbare Verbindungen zum Foyer des zentralen Hörsaalgebäudes, zur Tiefgarage unter dem Forum, überdeckte Verbindungen über breite Treppenanlagen mit flachen Rampen für Rollstuhl-

fahrer zur Mensa im Westen und zum Verwaltungsgebäude führen zur Verknüpfung der wichtigsten Wegstrecken des Forums in den Bereich der Erdgeschoßzone des Studentenhauses.

Erdgeschoß:
Foyer, Diskussionsräume, Experimentiertheater und Studentencafé.

1. Obergeschoß:
Die Erweiterung des Foyers über eine Galerie, Studios, Tonaufnahmeräume.

2. Obergeschoß:
Sämtliche Verwaltungsräume des Studentenwerks.

3. Obergeschoß:
Sitzungssaal

Erdgeschoß:
 1 Studentenforum
 2 Studententheater
 3 Foyer
 4 Café + Restaurant
 5 Nebenräume
 6 Werkstatt
 7 Diskussionsräume
 8 Pförtner
 9 Zentrales Hörsaalgebäude
10 Großes Forum
11 Verwaltungsräume

12 Studentenkanzlei
13 See
14 Brücke
15 Selbstbedienungsladen
16 Buchhandlung
17 Schreibwaren
18 Boutique
19 Bank
20 Friseur

1. Obergeschoß:
 1 Verwaltungsräume
 2 Kleines Foyer
 3 Nebenräume
 4 Verbindungsbrücke
 5 Terrasse
 6 Lesesaal
 7 Zeichen- und Werkräume
 8 Lichthof
 9 Verwaltungsräume
   (Studentenwerk
   ehemals Asta)

10 Aufnahmeräume (Musik)
11 Chor- und Orchesterräume
12 Luftraum Studententheater
13 Terrasse
14 Umkleiden

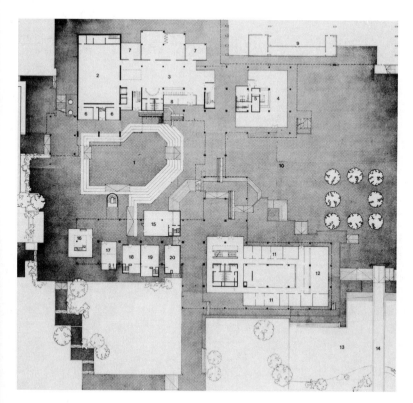

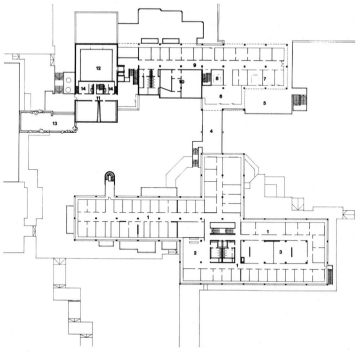

Klar in Erscheinung tretendes Stahlbetonskelett mit Ortbetonstützen und Rippendecken im Konstruktionsraster von 8,40 x 8,40 m bedingt durch die Tiefgarage. Zwischen die Sichtbetondecken gestellte, zurückgesetzte Fassadenflächen in schwarzer, harteloxierter Aluminiumkonstruktion, Horizontalschiebeflügel und feststehende Fensterelemente mit Isolierverglasung. Vor der Fassade geführte verstellbare Sonnenlamellen. Teilbereiche, wie Diskussionsräume, Lichthof, Ladengruppen mit vorgehängter Aluminiumfassade mit silbernen Alu-Paneelen.

Flexible Raumaufteilung durch nichttragende Rigipswände mit Anschlußmöglichkeit an jeden Fassadenpfosten. Abgehängte Rigipsdecken. Fußböden: Linoleum und Textilbelag.

Nicht veränderbare Räume: Eingangsbereiche, Treppenhäuser, Foyers, Umfassungswände vor Studententheater. Ausführung der Wandkonstruktionen in Sichtbeton mit innenliegender Isolierung, große Teile als Sichtbeton-Rippendecken. Fußböden: Granitplatten, Granitpflaster und Parkett.

Querschnitt:
1 Rektoratsgebäude
2 Forum
3 Studentenhaus
4 Theater
5 Nördl. Zentrumsspange

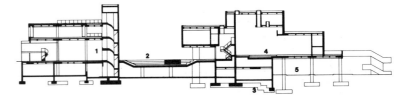

93

Trotz der nutzungsbedingten
Unterschiede sollten gleich-
artige Bereiche im Rektoratsgebäude und Studentenhaus –
Verwaltungsabteilungen, kom-
munikative Bereiche – sich
auch architektonisch einheitlich
ausgebildet darstellen.

Die grundrißliche Ausformung
der Bauten – diese Ausformung
führte zu Platz- und Bereichs-
bildungen – sollte zur gestalte-
rischen Belebung des Forums
der Universität beitragen.

Haus Gerhard Moll
München

Einfamilienhaus
Planungsbeginn: 1967
Baufertigstellung: 1968

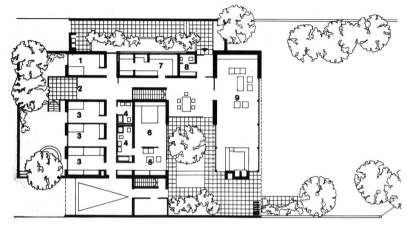

Das Grundstück liegt in einem parkartigen Gebiet am Stadtrand. Die Nachbarbebauung besteht aus ein- und zweigeschossigen Einfamilienhäusern.

Das Haus steht auf einer schmalen Parzelle, die auf der einen Seite durch das Nachbarhaus begrenzt wird, die Garage ist direkt an die Grenze gebaut. Ein umfangreiches Programm mußte auf dem engen Grundstück realisiert werden. Wunsch des Bauherrn: ungestörte Wohnbereiche im Innern als auch in den Außenräumen. Zentrum der Anlage ist ein kleiner Innenhof, der über einen gedeckten Kaminplatz mit dem Garten verbunden ist. Am Innenhof liegt der Schlafteil der Eltern. Nach Westen die Gäste- und Kinderzimmer, mit vorgelagertem Spielhof.

Im Untergeschoß ein

Schwimmbad mit Hobbyräumen und Technik.

Tragendes Ziegelmauerwerk 36 cm weiß geschlämmt, Betondecken mit Warmdachkonstruktion. Im Wohnbereich Stützen und Balken aus verleimten Holzkonstruktionen, dazwischen Brettschalung, dunkel gebeizt.

Eingangshalle und Eßplatz rote Ziegelfliesen, alle übrigen Räume mit Teppich. Fensterelemente in Holz. Außenliegende Jalousetten.

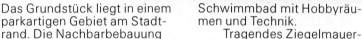

Erdgeschoß:
1 Mädchen
2 Spielflur
3 Kind
4 Bad
5 Ankleide
6 Eltern
7 Küche
8 Garderobe
9 Wohnraum

Untergeschoß:
1 Spielhof
2 Vorratskeller
3 Waschküche
4 Schwimmbad
5 Hobbyraum
6 Heizung
7 Tankraum
8 Dusche
9 Sauna
10 Luftschutz

Wohnanlage Höfter
München

2. Bauabschnitt einer
Wohnbebauung
Planungsbeginn: 1970
Baufertigstellung: 1972

Diese Wohnanlage liegt in günstiger und ruhiger Lage am Stadtrand in einer Umgebung von 2- bis 3-geschoßigen Wohngebäuden. Der Bau mit zurückgesetztem Terrassengeschoß bildet mit dem früher errichteten Wohngebäude (vgl. S. 54) einen nicht befahrbaren Innenhof mit Kinderspielplatz und Freiräumen für die Hausbewohner.

Insgesamt entstanden 41 Wohneinheiten mit sehr unterschiedlichen Wohnungsgrößen: 1-Zimmer-Appartements, 2- bis 4-Zimmerwohnungen, Dachterrassenwohnungen mit 5 und 7 Zimmern; im Erdgeschoß ein Laden.

Die Erschließung sämtlicher Wohneinheiten erfolgt über ein gemeinsames Treppenhaus mit Aufzug und über Mittelflure. Vor allen nach Westen und Osten gelegenen Wohnräumen in den Obergeschossen liegen geräumige Loggien, im Erdgeschoß abgetrennte Terrassenbereiche oder Gartenhöfe, im obersten Geschoß für jede Wohnung großzügige Dachterrassen. Umfassungswände in Sichtbeton mit innenliegender Wärmedämmung. Loggien und Balkone zum Teil aus Stahlbetonfertigteilen, Brüstungsausfachungen in Welldrahtgitter farbig gestrichen. Ausfachende Wände in Ziegelmauerwerk, Decken als Stahlbetonplattendecke, Warmdach als Kiespreßdach. Begehbare Dachterrassen mit Plattenbelag.

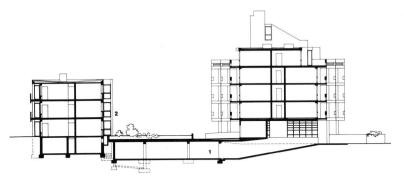

Vordergebäude mit Tiefgarage
(1) und Rückgebäude (2)

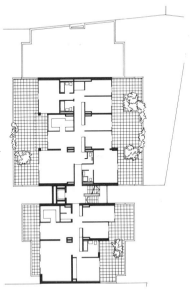

Vordergebäude mit Gartenhöfen
zur Straße (1), Kinderspielplatz
(2) Innenhof (3) Tiefgaragen-
einfahrt (4) Zugang zum Rückgebäude (5) Laden (6)

Terrassengeschoß

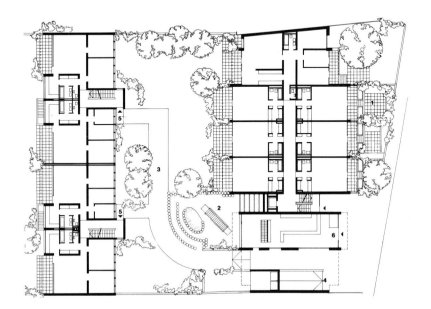

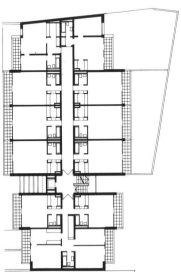

Normalgeschoß

Links:
Ansicht von der Situlistraße mit der Mauer um die kleinen Gartenterrassen und Höfe, die Schutz gegen Einblick der Nachbarn und von der Straße bieten.
Rechts:
Ansicht der Hoffassade. Im Vordergrund der Kinderspielplatz. Er ist mit Palisaden vom übrigen Hofbereich abgetrennt und bildet für die Kinder einen eigenen, ungestörten Bereich.

Bürohaus Weishaupt
München

Verwaltungs- und Ausstellungs-
gebäude mit Wohnungen
Planungsbeginn: 1969
Baufertigstellung 1970

Dachgeschoß mit einer Wohnung und Terrassen

1. + 2. Obergeschoß mit Büroteil und Wohnungen

Erdgeschoß mit Ausstellungsraum, Büroteil, Abfahrtsrampe, Besucher- und Parkplätze

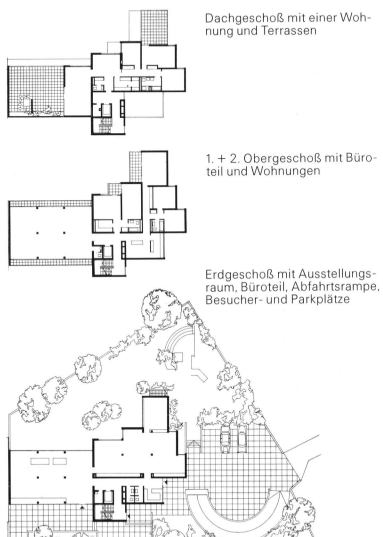

Das Gebäude liegt in einem alten Stadtteil, unweit der Ramersdorfer Kirche am Innsbrucker Ring, einem Hauptzubringer der Autobahn München-Salzburg. Beide Faktoren beeinflussen maßgeblich die Situierung und die Konstruktion des Gebäudes. Im Erdgeschoß die Ausstellungsräume und Büroräume, in den Obergeschossen und dem Dachgeschoß Wohnnutzung. Über eine Rampe ist die Tiefgarage für 20 Fahrzeuge erschlossen.

Die Außenwände bestehen aus Sichtbeton und Glas. Der Büroteil ist ein Stahlbetonskelettbau. Die Bürogeschosse haben beidseitig Wartungsbalkone und sind ganz verglast. Der Wohnteil ist aus tragenden Wandscheiben konstruiert. Alle außenliegenden Betonwände haben eine innenliegende 4 cm starke Styrofoam-Isolierung. Die thermisch getrennten Fensterelemente sind dunkel eloxiertes Aluminium.

103

Ein Einfamilienhaus inmitten
einer ausufernden Villenbe-
bauung. Die auftrumpfende
Vielfalt der neuen Häuser in der
Nachbarschaft, beengte Grundstücksverhältnisse und die
Bayerische Bauordnung führten
zu einer einfachen Form.
Geputzte Ziegelwände, weiß
gestrichen, Massivdecken,
dunkel gebeizte Holzfenster und
knappe Details prägen das
Äußere. Auch im Innern konnte
dieser Anspruch bei der wohl-
verstandenen Bescheidenheit
der Bauherrschaft durchgehal-
ten werden. Dabei entstand ein
helles und relativ weiträumiges
Innenraumkonzept mit hohem
Wohnwert und guter Zuordnung
zu den Freiräumen.

Erdgeschoß:
1 Einliegerappartement
2 Diele mit Eßplatz
3 Wohnraum
4 Garagen

Obergeschoß:
1 Kinderzimmer
2 Kinderspielplatz
3 Bäder
4 Ankleide
5 Elternschlafzimmer

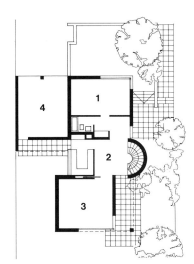
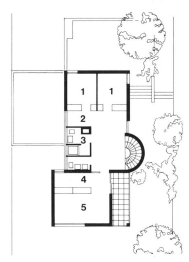

Christuskirche
Bad Füssing

Evangelische Kirche
Wettbewerb 1968
Planungsbeginn: 1968
Baufertigstellung: 1972
BDA-Preis Bayern 1973
Anerkennung

Die Kirche wurde als geometrisch einfacher Baukörper mit einem introvertierten Vorhof und schlichten Kirchenraum in Form eines Rechtecks entworfen. Die Klarheit der Grundrisse sollte sich auch in der Fassadengestaltung abzeichnen. Die Kirche, als Zentralraum, dient auch anderen Veranstaltungen, Konzerten und Versammlungen. Der Gemeindesaal, als Erweiterung des Kirchenraumes, Jugendräume, Mesner- und Kurpredigerwohnungen liegen um einen Innenhof.

Die Neutralität der städtebaulichen Situation sollte mit Hilfe einer zurückhaltenden Bauanlage, deren Zweckbestimmung ganz nach innen gewendet ist, überwunden werden. Die geschlossene Kirchenanlage hebt sich durch Anböschung über das allgemeine Gelände heraus. Die disziplinierten Massen und Formen sollten auch in einem bescheidenen rechteckigen Kirchenraum ihren Ausdruck finden.

Kirchengrundriß mit Jugendräumen (1) Wohnungen (2) Innenhof und Vorplatz

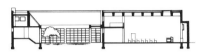

Längsschnitt

Das Kreuz aus Plexiglas und verchromtem Metall gestaltete Gerhard Rothmann.

**Werkhalle IWIS
Winklhofer + Söhne
München**

Werk- und Lagerhalle
Planungsbeginn: 1969
Baufertigstellung: 1970

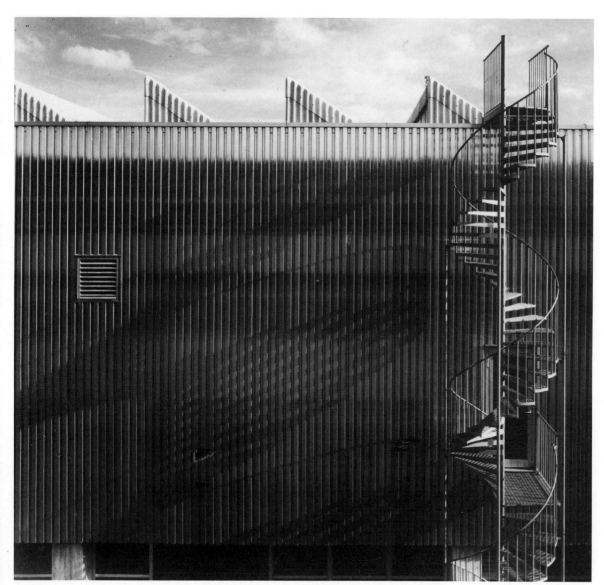

Das Ergebnis einer Werksplanung und Studien über Verkehrsführung und rationellen Teilefluß waren Grundlage für das Entwurfskonzept. Wirtschaftliche Produktionsmethoden und eine schrittweise Erweiterung des Werks mußten möglich sein. Der Bau besteht aus einer zweigeschossigen Halle (50.000 cbm). Diese Halle bildet mit dem vorhandenen Altbau eine organisatorische Einheit. Das Kernstück der neuen Anlage ist ein voll automatisiertes Hochregallager über drei Geschosse. Um dieses Lager gruppieren sich im Erdgeschoß – das wegen der hohen Nutzlast von 20 t/qm nicht unterkellert ist – Rohlager mit der Anlieferung und weitere Betriebsabteilungen. Im Kellergeschoß befinden sich neben den Maschinenräumen und der Energiezentrale die Sozialräume. Im Obergeschoß die Montageabteilung mit direkter Verbindung zum Hochregallager. Die Beleuchtung erfolgt durch Nordsheds und umlaufende Lichtbänder.

Keller und Erdgeschoß in Stahlbeton, Stützenraster 8,40/ 7,85 m (Bindung an Altbau). Obergeschoß: Stahlskelett mit Shedfachwerk, Spannweite 16,80 m. Die Stahlkonstruktion ist mit zweischaligen Spundwandprofilblechen aus Aluminium mit dazwischenliegender Isolierung verkleidet. Fensterelemente aus Aluminium.

Friedenskirche
Gundelfingen/Donau

Evangelische Kirche
Planungsbeginn: 1968
Baufertigstellung: 1969

Von der Hauptverkehrsstraße aus erreicht man über einen Fußgängerzuweg den etwa 1,50 m tieferliegenden Kirchenvorhof. Um den Hof gruppieren sich die Baukörper des Gemeindezentrums.

Im Westen der Kirchenraum, im Norden Gemeinderaum, Jugendraum und die Sakristei. Eine Wohnung für den Pfarrer, die noch nicht gebaut wurde, schließt den Kirchenvorhof nach Osten.

Der offene Kirchenturm flankiert die Vorhalle zur Kirche. Der Turm ist nur Glockenträger und in die kubische Bauanlage der Kirche einbezogen. Der Kirchenraum ist fast quadratisch. Licht fällt über eine Laterne auf die Altarzone. Die Decke wird von verleimten Holzbindern getragen und ist mit Brettern verschalt, der Fußboden mit roten Tonplatten belegt. Altar, Stehpult und der Fuß der Taufschale sind aus Holz in einfachen Formen gehalten. Dazu leicht veränderbare Einzelstühle. Das Kreuz, die Taufschale und die Leuchter sind von Gerhard Rothmann gestaltet.

Raumabschluß der Kirche aus zweischaligen Ziegelwänden, weiß gestrichen, mit dazwischengestellten Stahlbetonstützen.

Es war die Absicht, einen einfachen und klaren Rahmen zu schaffen. Dieser Vorstellung entsprechen auch die schlichten architektonischen Mittel, die klare Konstruktion und das einfache Baumaterial.

Grundriß mit Kirchenraum (1)
Gemeinderäumen (2) und
Gemeindehof (3)

Ansicht über die Sakristei zum
Glockenturm

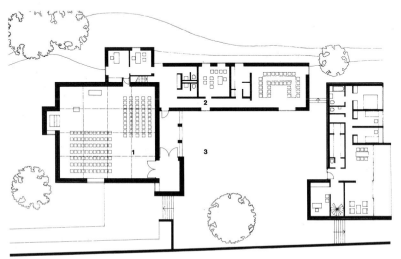

Zwei große Verkehrsstraßen
kreuzen sich, der Wintrichring
und die Dachauer Straße. Das
Areal wurde durch die Neubau-
ten der Olympischen Spiele
geprägt, es entstanden neue
Geschäfts- und Wohnbauten.

Das Bürozentrum hat im
wesentlichen drei Funktionsbereiche: Ausstellung und Infor-
mation, Werkstätten, Verwaltung. In dem Informationszent-
trum mit seinen großen Ausstel-
lungsräumen werden Büro-
möbel, Büromaschinen und
Organisationsmittel vorgeführt,
mit innenarchitektonischer und
organisatorischer Beratung. Als
Ergänzung sind der Firma eine

Buch- und Offsetdruckerei, ein
Rechenzentrum und ein Bereich
mit Computer und Rechenauto-
maten angegliedert.

Die vielfältigen Funktionen
des Hauses verlangen ein
Höchstmaß an Variabilität. Der
Betonskelettbau mit großen zusammenhängenden Flächen,
die als Großräume nach Bedarf
mit leichten Wänden unterteilt
werden können, erlauben eine
Vielfalt von Raumkombinatio-
nen. Während der vollverglaste
Ausstellungsteil zur Dachauer
Straße die Ausstellungsräume
aufnimmt, sind im rückwärtigen
Teil die Verwaltung, Maschinen-
und Werkstatträume unterge-

bracht. Die Funktionsbereiche
sind in der äußeren Gestalt
deutlich ablesbar. Die Fassade
der Ausstellungsräume bildet
eine große transparente Haut,
die die Räume von der Decke
bis zum Fußboden offenläßt
und nach außen als großes
Schaufenster wirkt. Die Fassaden der Büros und Betriebs-
räume haben Brüstungen aus
weißem Eternit. Verbunden
sind beide Bauteile durch einen
Erschließungskern, der nach
außen völlig geschlossen ist.

Das Gebäude hat eine Stahlbetonkonstruktion im Achsmaß von 7,50/7,00 m. Alle Decken aus Stahlbeton als kopflose Pilzdecken, die über die äußeren Stützen auskragen.

Innenausbau: Abgehängte Decken aus Alupaneelen, Zwischendecke zur Führung der Lüftungsschächte, Rohrleitungen und Sprinkleranlage.

Alle Einbauten, wie Glaswände, Schrankwände und Raumteiler sind flexibel ausgebildet, damit Anforderungen an neue Raumsituationen schnell erfüllt werden können. Fußboden in Büros und im Ausstellungsteil Teppichboden aus synthetischem Material, Werkstätten mit PVC, Waschräume mit keramischen Fliesen. Verschiebbare Trennwände in der Kantine.

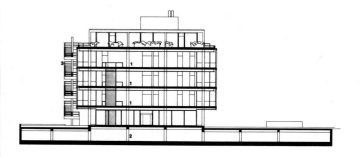

Schnitt durch den Ausstellungsteil (1) und die Tiefgarage (2). Außenliegendes Fluchttreppenhaus (3).

Erdgeschoß mit Lastwagendurchfahrt (1) zur Anlieferung der Kernzone mit Lastenaufzug (2) und der Druckerei (3). Parkplatzanlage mit Tiefgaragenabfahrt (4).

Detail des Betriebsgebäudes mit auskragenden Flucht- und Reinigungsbalkonen. Zwischen die Geschosse gestellte wandhohe Aluminiumelemente mit Schiebeflügeln. Balkone und Treppengeländer als Rundrohre. Außenliegender Sonnenschutz mit Jalousetten.

Detail des Ausstellungsteils, klimatisierter Bauteil ohne Lüftungsflügel. Vorgehängte Aluminiumfassade aus wandhohen Elementen. Vorgehängte Jalousettenkästen. Innere Abspannung in Brüstungshöhe aus Nirostadrähten.

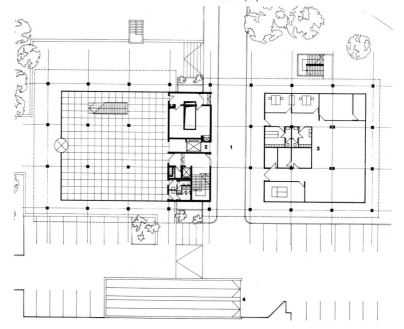

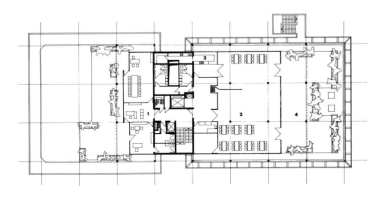

Dachgeschoß:
Chefbüro mit Konferenzraum (1),
über dem Verwaltungsteil Kantine (2) mit Küche (3) und Dachterrasse (4).

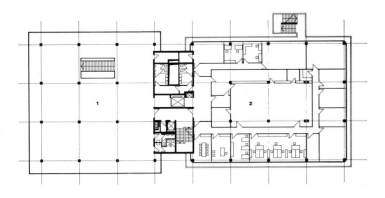

2. Obergeschoß:
Ausstellungsteil für Büromöbel
(1) im rückwärtigen Teil. Anordnung einer zentralen EDV-
Rechenanlage mit den zugehö-
rigen Büroräumen (2).

117

**Haus Götz
Deggendorf**

Einfamilienhaus
Planungsbeginn: 1969
Baufertigstellung: 1970

Das weiträumige Einfamilienhaus am Rand des Bayerischen Waldes hat drei Bereiche, die um einen kleinen Eingangshof gruppiert sind. Wohnbereich und Haushaltsteil nach Osten und Süden orientiert, im Norden der Schlafteil und im Westen die Schwimmhalle mit Sauna und Waschräumen.

Charakterisch für dieses Wohnhaus ist, den Innenräumen großzügige Außenbereiche mit Terrassen als geschützt liegende Sitzbereiche zuzuordnen.

Sichtziegelmauerwerk weiß gestrichen, Trennwände als Leichtsteinwände oder als Schranktrennwände. Decken als Stahlbetonmassivplatten. Kiespreßdach mit Korkisolierung. Eloxierte Aluminiumfenster. Bodenbeläge mit Parkett oder Spannteppich.

Erdgeschoß:
1 Eingangshof
2 Diele
3 Garderobe
4 Hausangestellte
5 Kochen
6 Essen
7 Sitzplatz
8 Wohnen
9 Innenhof
10 Schwimmhalle
11 Sauna
12 Arbeiten
13 Kind
14 Eltern
15 Ankleide
16 Schrankraum
17 Bad
18 Garagen

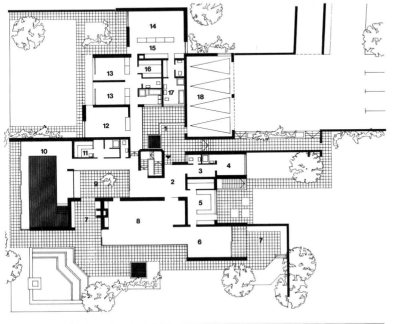

Haus Dr. Josef Gartner
Gundelfingen/Donau

Einfamilienhaus
Planungsbeginn: 1970
Baufertigstellung: 1972

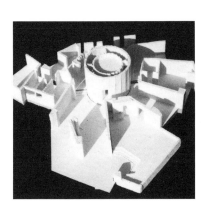

Modellausschnitt vom zentral gelegenen Speiseraum mit Anschnitt der radial davon ausgehenden Räume.

Ein Hügel in der Donauniederung bei Gundelfingen. Ein weiter Rundblick auf eine sehr charakteristische Flußlandschaft mit kleinen Dörfern. Die Anhöhe, sehr starken Winden ausgesetzt, wurde in mühsamer Kultivierungsarbeit bepflanzt. So steht das Haus auf der Kuppe einer sanft ansteigenden Wiese, umgeben von Tannen und Birken.

Charakteristisch für die Konzeption des Hauses wurde der Wunsch nach einem Speiseraum, der groß genug ist, den familiären und gesellschaftlichen Verpflichtungen zu genügen. Daneben war für jeden Bewohner ein eigener privater Bereich gewünscht. Die Räume für die Kinder mit Spielplatz sollten in Nähe der Wirtschaftsräume liegen. Zimmer für Gäste und Haushaltshilfe sollten separat von den eigenen Wohnräumen vorgesehen werden.

Der große Speiseraum ist die Mitte des Hauses. Um ihn gruppieren sich die Wohn- und Schlaf-Arbeitsräume der Eltern. Vom höchsten Raum, dem Speiseraum, werden die Räume über Wohnraum, Herrenzimmer, Schlafzimmer und Damenzimmer durch Treppen entsprechend dem Geländeverlauf in ihrer Raumhöhe niedriger.

Durch die verschiedene Situierung der Räume, durch großflächige Fenster hat man einen sich ständig ändernden Blick auf die umliegende Landschaft.

Als Tragwerk massive Ziegelwände, die innen und außen grob geputzt und weiß gestrichen sind. Fenster aus eloxiertem Aluminium. Über die Verwendung des Materials als Abdeckung der Wände und Dachgesimse bestanden bei Bauherrn und Architekten verschiedene Auffassungen. Der Fußboden im gesamten offenen Bereich ist mit anthrazitfarbigem Quarzit belegt. In allen sonstigen Räumen wurde Teppichboden verlegt.

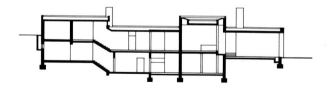

Erdgeschoß
  1 Windfang
  2 Wohnraum
  3 Eßzimmer
  4 Küche
  5 Zimmer der Herren
  6 Zimmer der Dame
  7 Schlafzimmer
  8 Kinder
  9 Spielzimmer
10 Mädchen
11 Gast
12 Garage

Untergeschoß
13 Trinkstube
14 Weinkeller
15 Vorräte
16 Waschküche
17 Heizung
18 Hobbyraum
19 Keller

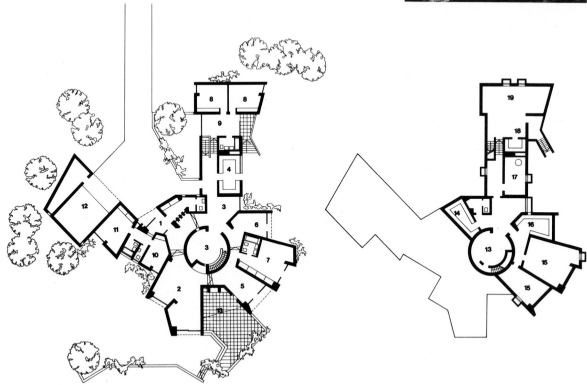

Blick in den zentral gelegenen Speiseraum, der zu familiären und offiziellen Anlässen verwendet wird und sich in Form und Raumhöhe von den übrigen Räumen unterscheidet. Weißgeputzte Wände, indirekte Oberlichtbeleuchtung und die Form des Zylinders geben dem Raum seine charakteristische Note.

Blick in den Wohnraum

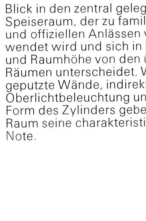

Werkhalle Wanderer
München

Fertigungshalle
Planungsbeginn: 1971
Baufertigstellung: 1972

Das Werksgelände in München-Haar ist als Mischgebiet ausgewiesen. Die Fertigungshalle ist Teil der Werkserneuerung. Die vorhandene Kranbahn sollte weitergenutzt werden. Eine stufenweise Erweiterung nach Norden mußte möglich sein.

Die Fertigungshalle ist als zweischiffige Stahlhalle für die Fertigung und Montage von Werkzeugmaschinen konzipiert. Das für feinmechanische Arbeiten erforderliche gleichmäßige Tageslicht wird durch die Shedkonstruktion erreicht. Die Hallenschiffe sind mit Zweiträger-Brückenkränen, Tragkraft 20 t ausgestattet, die neben Montage auch die Beladung für Transporte vornehmen. Im Produktionsbereich ist eine Spritzlackierung mit Nebenräumen angeordnet, für die Energieversorgung eine Elektrostation mit Transformator, Hochspannungs- und Niederspannungszelle. Die Umkleide- und Sanitärräume für die Mitarbeiter sind im Untergeschoß untergebracht.

Stahlkonstruktion mit Shed-Fachwerkträgern, Stützenraster 10,0 x 20,0 m, lichte Hallenhöhe 8,0 m, Gesamthöhe 12,5 m. Dachdeckung und Fassadenverkleidung mit zweischaligen Aluminium-Trapezblechen mit dazwischenliegender Wärmeisolierung. Kittlose Verglasung der Shed-Oberlichter mit Drahtglas, umlaufendes Lichtband mit Thermolux-Verglasung, Be- und Entlüftungsanlage mit stationärem Lufterhitzer in der Halle.

Untergeschoß:
 1 Abstellraum
 2 Lüftungsraum
 3 Umkleide Frauen
 4 Waschraum Frauen
 5 WC Frauen
 6 Umkleide Lehrlinge
 7 Waschraum Lehrlinge
 8 WC Männer
 9 Waschraum Männer
10 Umkleide Männer

Erdgeschoß:
1 Werkhalle
2 Kiosk
3 Transformator
4 Hochspannung
5 Niederspannung
6 Spritzkabine
7 Lufterhitzer
8 Farblager
9 Abstellraum

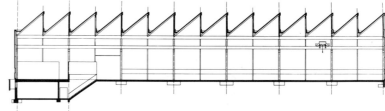

Untergeschoß

Erdgeschoß

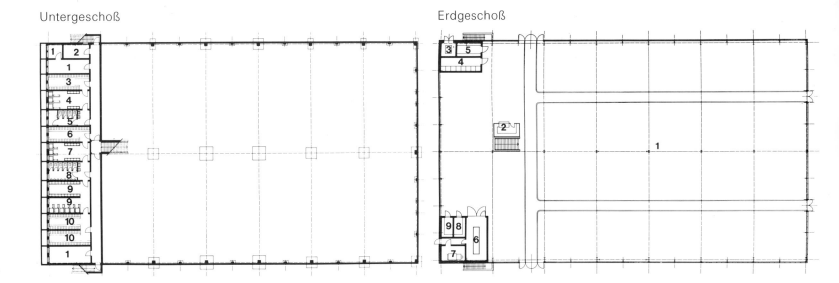

1 Fachwerkbinder
2 Pfette
3 Wandriegel
4 Stahl-Trapezblech
5 Wärmeisolierung
6 Alu-Trapezblech
7 Rinnengefällekeil
8 Bitumenpappe
9 Rinnenverblechung
10 Alu-Firstabdeckhaube
11 Kittlose Verglasung mit
    Drahtglas
12 Kittlose Verglasung mit
    Thermoluxglas
13 Industrie-Estrich
14 Bodenplatte
15 Frostschürze

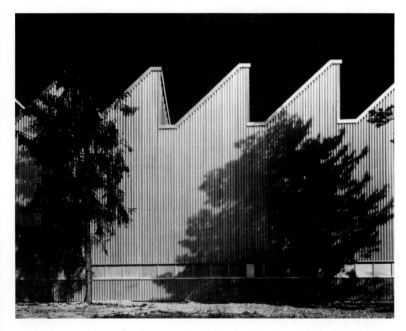

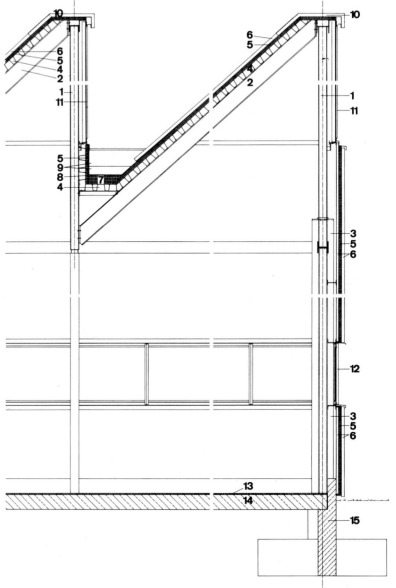

Die Shed-Halle von Norden.
Hinter der kittlosen Verglasung
ist deutlich der Fachwerkträger
sichtbar.

Hardtschule
Weilheim/Oberbayern

Grundschule mit Turnhalle als
1. Bauabschnitt eines Schul-
zentrums
Planungsbeginn: 1970
Baufertigstellung: 1972
BDA-Preis Bayern 1972
Anerkennung

Dem Entwurf der Schule liegt ein Konzept zugrunde, das die Anpassung der Bauten an die sich verändernden Forderungen der Bildungsplaner und Pädagogen erlauben sollte. Das wird an der Vielfalt des Flächenangebots deutlich. Die Nutzung der Schule an Nachmittagen und am Abend für Volkshochschule und Vereine ist vorgesehen.

In zwei Geschoßen je 8 Klassen, im EG zusätzlich die Verwaltung und im Obergeschoß die Fachunterrichtsräume mit Gruppenräumen. Eine zusätzliche Shedbelichtung des Obergeschosses auf beiden Seiten der Kernzone erlaubt es, die tiefen Mehrzweckbereiche voll für Gruppen- oder Einzelarbeitsplätze zu nützen.

Die Konstruktion besteht aus einem Stahlbetonskelett im Raster von 8,40 x 8,40 m mit unterzugslosen Massivdecken und aussteifenden Kernen. Das Skelett wird mit geschoßhohen Wand- und Fensterelementen mit außenliegendem Sonnenschutz geschlossen. Die Belüftung der 8,40 m tiefen Räume wird zusätzlich durch eine Lüftungsanlage geregelt.

Die zentrale Heizungsanlage und die Lüftungsmaschinen liegen unter der Turnhalle. Die Turnhalle ist ein Stahlbetonbau, bei dem Skelett und Wandscheiben zusammenwirken. Sie wird durch Sheds von oben belichtet, die aus vorgefertigten Halbschalen aus Spannbeton bestehen.

Auch der Innenausbau der Schule wurde den pädagogischen Forderungen angepaßt. Es gibt nur leichte Alu-Trennwandelemente, die nach Bedarf versetzt werden können, abgehängte Decken, hinter denen Lüftung und blendungsfreie Beleuchtung verschwinden und die für eine gute Schalldämmung sorgen. Auf dem Boden liegt ein strapazierfähiger Teppich, der den Lärm schluckt. Lehrerstationen, die direkt bei den Klassen liegen, erleichtern die Arbeit des Lehrers. Von hier wird die technische Ausrüstung gesteuert.

Ansicht der Grundschule von Westen

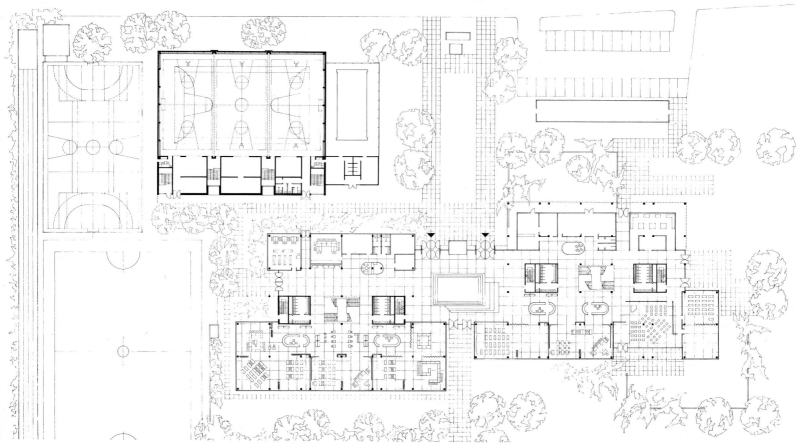

Blick in die Turnhalle mit Shed-
Oberlichtern. Verkleidung der
Wände mit schallschutzschluk-
kendem Ziegelmaterial (links)

Gruppenunterricht (rechts)
Essensausgabe durch den
Hausmeister in der Pausenhalle
(ganz rechts)

Schnitt:
Die zweigeschossige Schule mit
Shedbelichtung der Innenzone
(1), Turnhalle mit Shedober-
lichtern aus Betonschalen (2).
Im Untergeschoß Umkleide-
räume und zentrale Energieversorgung (3).

1. Obergeschoß:
mit variablen Trennwänden im
Unterrichtsbereich (4), im rückwärtigen Teil die Sonderräume
(5) mit Gruppenräumen (6).

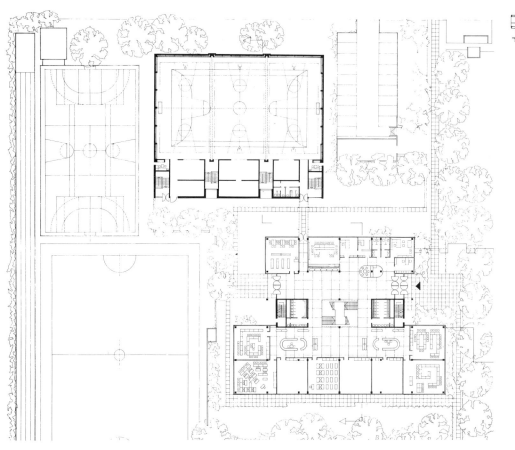

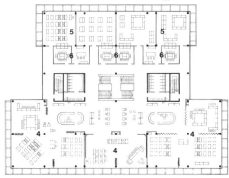

Die Klassenräume können durch variable Wände so zusammengefaßt werden, daß ein übersichtlicher Großraum entsteht. Durch die über Eck gehende Anordnung lassen sich dabei drei Räume von einem Lehrer überblicken. Die technischen Medien sind zentral angebracht und ermöglichen den gemeinsamen Unterricht für einen Jahrgang. Dabei werden vor allem der programmierte Unterricht und das Schulfernsehen nutzbar gemacht. Für die herausdifferenzierten Lerngruppen stehen neben den Klassenräumen weitere Raumeinheiten unterschiedlicher Größe zur Verfügung, für die Einzelarbeit sind spezielle Kabinen vorhanden.

Bundesverwaltungs-
gericht BVG
München

Gerichtsgebäude mit Büros und
Sitzungssälen
Planungsbeginn: 1970
Baufertigstellung: 1976

Nach den Vorstellungen der Justizverwaltung soll sich die Justiz dem Bürger gegenüber öffnen und damit Einsicht und Verständnis für alle Rechtsverfahren fördern. Vor allem der Abbau von Machtrepräsentation, der in vielen Justizpalästen zum Ausdruck kam, sollte Gegenstand des Entwurfs sein. Respekteinflößende bauliche Gesten, wie abweisende Fassaden, überdimensionierte Hallen, abgesperrte Bereiche, überladene Symbolik sowie die Vorstellung von einem Richterkollegium, das hoch über den Prozeßbeteiligten residiert, sollten unter allen Umständen vermieden werden.

Bleibt das Problem des Ausgleichs zwischen den Anforderungen an ein normal funktionierendes Bürogebäude und dem berechtigten Wunsch der

Justiz, auch nach außen darzustellen, daß hier nicht nur verwaltet, sondern Recht gesprochen und die Justiz repräsentiert wird. Die Aufteilung des Gebäudes in Verwaltungs- und Gerichtsbereich, wie Gerichtssäle, Beratungszimmer, Zeugenräume, führte zu der differenzierten Bauanlage, die von der Eingangsseite her im Süden deutlich ablesbar ist.

Die Außenwände der Gerichtssäle und die anschließenden Beratungsräume wurden

aus funktionellen Gründen geschlossen und durch Oberlichter belichtet. Sie stehen somit in einem starken Kontrast zur offenen Bürofassade und betonen die beabsichtigte Differenzierung der Baukörper. Die zentrale Eingangshalle ist gleichzeitig Foyer und Wartehalle für die Verfahrensbeteiligten und das Publikum. Der gesamte öffentliche Gerichtsbe-

reich wurde 5 Stufen über das Hallenniveau angehoben und somit als besonderer Bezirk herausgestellt. Aus diesem Höhensprung ergibt sich die hörsaalartige Anordnung der Besucherstühle zu den Verfahrensbeteiligten hin, die alle auf gleichem Niveau angeordnet sind. Aus akustischen Gründen wurden die Rückwände der Säle abgeschrägt. Die Stirnseiten sind im Gegensatz zu den Sichtbetonwänden mit einer künstlerisch gestalteten Aluverkleidung herausgehoben. Das Richtertreppenhaus stellt eine direkte Verbindung zwischen den Verwaltungsräumen und den Gerichtssälen her. Der Dachgarten über der Eingangshalle dient bei schönem Wetter als Erholungsbereich in den Verhandlungspausen. In den Obergeschossen liegen die Ver-

waltungsräume, eine zweigeschossige Bibliothek, die Richterbesprechungsräume und Gemeinschaftsräume mit Teeküchen. Im Kellergeschoß sind alle Technikräume, ein Schutzraum und Lagerraum sowie eine Tiefgarage mit 42 Abstellplätzen untergebracht.

Stahlbetonskelett mit Achsmaßen 8,40/7,20 m, sichtbare Stahlbetonrippen mit offener Installationsführung. Ausbauraster 1,20 m, Fassadenelemente über zwei Geschosse in Aluminium natur eloxiert. Auf den Ost-, Süd- und Westseiten gruppengesteuerte Jalousetten.

Montables Trennwandsystem. Alle Böden im Gebäude mit Ausnahme der Naßräume mit Teppichbelag.

Holzplastik in der Eingangshalle von Blasius Gerg.

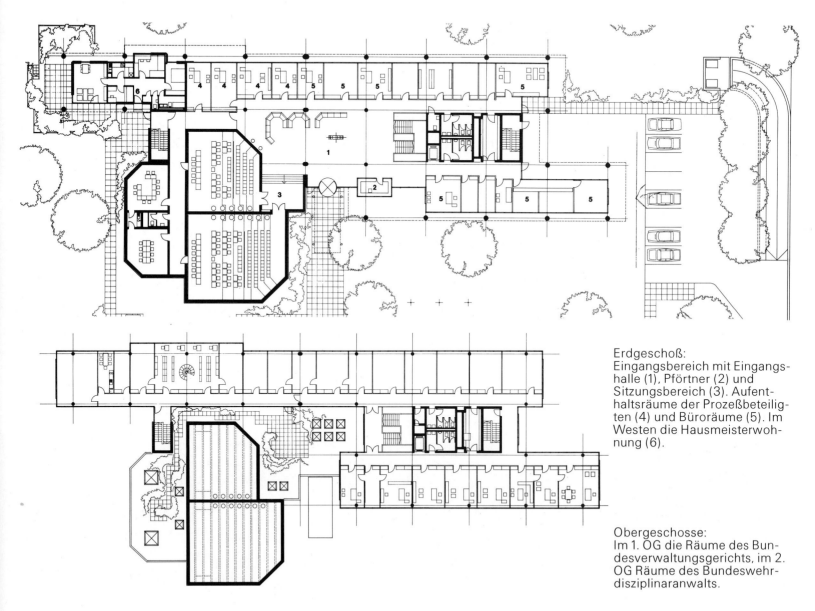

Erdgeschoß:
Eingangsbereich mit Eingangshalle (1), Pförtner (2) und Sitzungsbereich (3). Aufenthaltsräume der Prozeßbeteiligten (4) und Büroräume (5). Im Westen die Hausmeisterwohnung (6).

Obergeschosse:
Im 1. OG die Räume des Bundesverwaltungsgerichts, im 2. OG Räume des Bundeswehrdisziplinaranwalts.

Blick in den großen Sitzungssaal mit ansteigenden Sitzreihen. Offen geführte Installation der Klimaanlage. Wände
Sichtbeton grau, Installationen
dunkelblau gestrichen.

Sitzungssaal mit künstlerisch
gestalteter Rückwand von
Friedrich Koller. Die Ausführung
dieser Konstruktion aus Alu-
Elementen musste auch akustischen Forderungen genügen.

Blick auf die Haupttreppe,
Betonlaufplatte, Stufen mit Teppich belegt, verchromtes Stahl-
geländer, Füllung mit Sicher-
heitsglas.

1 Richter
2 Prozeßbeteiligte
3 Zuhörer
4 Stahlbetonplatten
5 abgestufte Bodenkonstruk-
  tion mit Teppichbelag
6 Stahlbeton-Umfassungs-
  wände
7 Künstlerisch gestaltete Stirn-
  wandverkleidung aus Alumi-
  niumplatten/Naturton eloxiert
8 Lüftungskanäle
9 schwenkbarer Strahler
10 Gefälle-Estrich
11 Wärmedämmung
12 Dachhaut
13 Kiesschüttung
14 Oberlichtkonstruktion/
  Alu Naturton eloxiert
15 Attikazarge
16 Vorgehängte Alu-Fassade/
  Naturton eloxiert

Längsschnitt kleiner Sitzungssaal

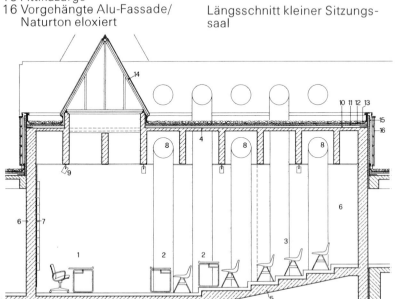

Die Dachlandschaft wird von
den unterschiedlich gestalteten
Oberlichtern der verschiedenen
Gebäudeteile geprägt. Blick
über die Prismen über der Eingangshalle zu den Sattelglas-
oberlichtern der Sitzungssäle.

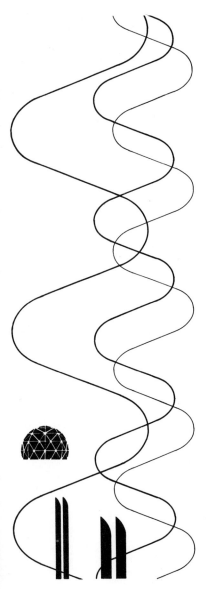

Sportgastein wird am Rande
eines Hochtals, dem Naßfeld,
angesiedelt. Es liegt etwa 8 km
südwestlich von Badgastein auf
1600 m Höhe. Der Talboden ist
125 ha groß, von Wasserläufen
durchzogen, fast eben. Die
Hänge haben weiche Konturen
und sind ein ideales Skigebiet.
Die Gemeinde Bad Gastein will
eine Kapazitätsausweitung im
Fremdenverkehr für den Ski-
sport und eine bessere Aus-
nutzung der Kureinrichtungen
erreichen.
　　Alle Bauten werden sich
auf der Nordseite des Naß-
feldes konzentrieren. Die Bebauung ist auf 12,2 ha begrenzt.
Der Talboden wird von jeder
neuen Bebauung freigehalten
und seinen hochalpinen Charakter behalten. Die Gäste werden
mit dem Auto, streckenweise
unterirdisch, bis zur Haustür
fahren können, nach dem Ent-
laden das Auto aber in einer
Tiefgarage unterstellen.
　　Das Skidorf schmiegt sich
bandförmig der Hangkontur an.
Die Idee des Straßendorfes –
typisch für das Gasteiner Tal –
ist das Leitbild.
　　Konzentrierung der Bauten
zum Schutz der Natur vor Zer-
siedelung. Der gesamten Bebauung wird ein Raster für die
Primärstruktur (Stützen und
Wände) sowie für die Gebäude-
richtung zugrundegelegt als
verbindliches Ordnungsmodell,
um extreme Abweichungen zu
verhindern.

Es werden typische Gebäudeteile (mit Konstruktion und
Raumabschluß) für spätere
Bauplanung festgelegt, da die
Architekten der Objekte noch
nicht bekannt sind. Sportgastein
soll in drei Bauetappen gebaut
werden und legt in einem Struk-
turplan verbindliche Richtlinien
fest, die die Einheitlichkeit des
Gesamten garantieren soll.

141

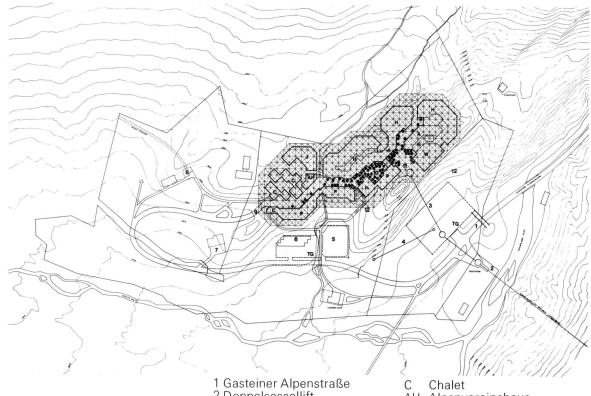

5 Hotels 700 Betten
15 Pensionen 500 Betten
150 Appartements 300 Betten
10 Chalets 50–100 Betten
Jugendherberge 175 Betten
1775 Betten

Gesamte Bruttogeschoß-
fläche ca. 64660 m²
Grundstücks-
fläche ca. 122000 m²
Überbaute
Flächen ca. 21200 m²

$$GFZ = \frac{64660}{122100} = 0,53$$

Parkflächen unterirdisch
1250 Autos

1 Gasteiner Alpenstraße
2 Doppelsessellift
3 Verbindungsbahn
4 Babylift mit Übungswiese
5 Eisplatz, im Sommer Tennis
6 Curlingplätze
7 Räumfahrzeuge
8 Bahnhof Stollenbahn
9 Unterirdische Verkehrs-
  erschließung
10 Dorfplatz
11 Sammelplatz Skischule
12 Skiabfahrten

C   Chalet
AH Alpenvereinshaus
J   Jugendherberge
H   Hotel
A   Appartmenthaus
TG Tiefgarage

Die zurückgestaffelten Geschosse erlauben eine vielfältige architektonische Gestaltung mit Balkonen, Erkern und Dachgärten.

Als Außenhaut ist eine Verkleidung mit Holzschindeln oder Holzelementen vorgesehen.

Vermieden werden zu lange Gerade und die Großformen, gewünscht wird Intimität und ein kleinteiliger Maßstab. Ähnlichkeit der Bauformen, jedoch keine Addition gleicher Grundelemente.

**Verwaltungsgebäude
Wüstenrot
München**

Bürogebäude
Planungsbeginn: 1973
Baufertigstellung: 1975
BDA-Preis Bayern 1975
Anerkennung

Das Wüstenrothaus liegt an der Ecke Dachauer-/Seidlstraße, der südlichen Begrenzung des Stiglmaierplatzes, ein verkehrsreicher Knotenpunkt der Innenstadt, der seine alte Randbebauung weitgehend verloren hat. Die dominierende Lage des Gebäudes, das den Platz optisch schließt, verlangt nach einer

stücks. Vorgehängte schwarzeloxierte Alu-Fassade mit Calorex-Sonnenschutzglas, abgehängte Akustikdecke, Teppichbelag.

differenzierten Baugestaltung, um die vorhandenen Gegebenheiten angemessen zu berücksichtigen.

In dem winkelförmigen Bau, dessen Höhe und Bauflucht durch den Bebauungsplan fixiert waren, liegen in den beiden unteren zurückgesetzten Geschossen die offiziellen Publikumsräume, die Eingangshalle und die eingeschobene Beraterebene. Der Bauteil an der Dachauer Straße ist um zwei Geschosse niederer gehalten

und hat im Erdgeschoß einen Laden. Vorgelagert ist die Tiefgarage mit der großen Abfahrtsrampe, Bestandteil einer städtischen Planung und nicht ganz im Sinne der Architekten, die einer grünen Insel den Vorzug gegeben hätten.

Stahlbetonskelett mit Rippendecken. Massivkerne, die Treppenhäuser und Aufzüge, Versorgung und Entsorgung und Sanitärräume aufnehmen. Achsraster 1,33 m, bedingt durch die Maße des Grund-

Das silbern reflektierende
Sonnenschutzglas der Element-
fassade unterstreicht die
Differenziertheit des Bau-
körpers.

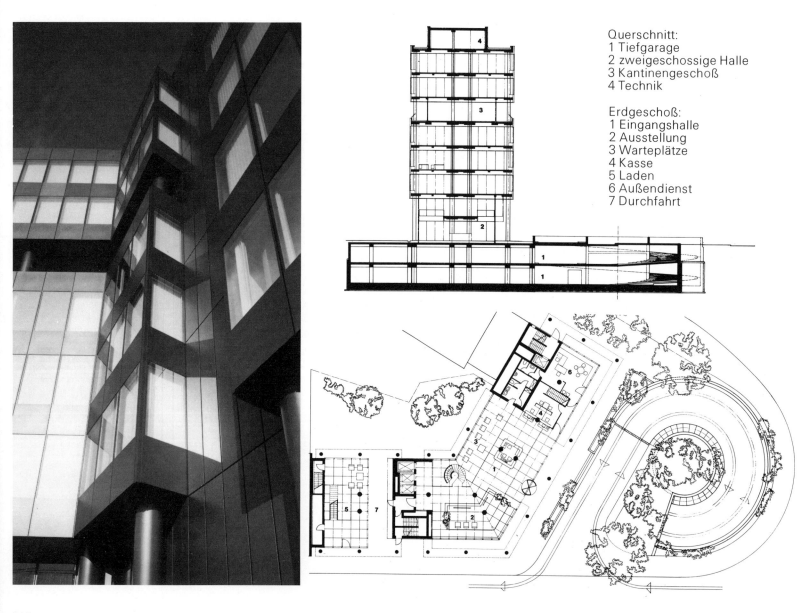

Querschnitt:
1 Tiefgarage
2 zweigeschossige Halle
3 Kantinengeschoß
4 Technik

Erdgeschoß:
1 Eingangshalle
2 Ausstellung
3 Warteplätze
4 Kasse
5 Laden
6 Außendienst
7 Durchfahrt

Registraturgeschoß:
1 Registratur
2 Büros

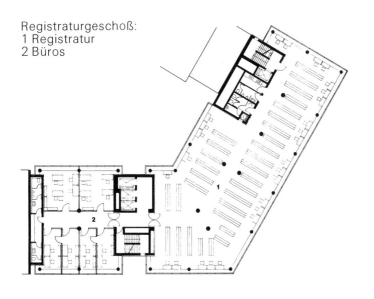

Bürogeschoß:
1 Büros
2 Hausmeisterwohnung

Zwischengeschoß:
1 Beraterräume
2 Beratungsplätze
3 Laden

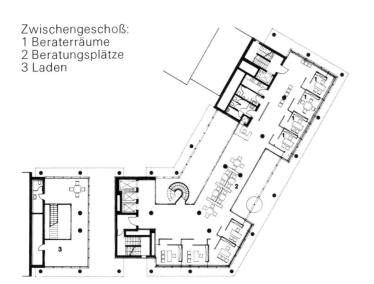

Kantinengeschoß:
1 Kantine
2 Küche
3 Schulungsraum
4 Sekretariat

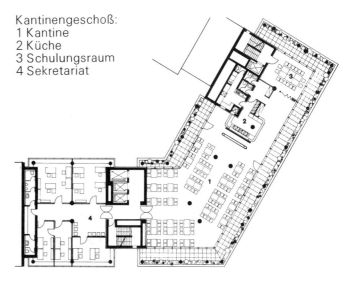

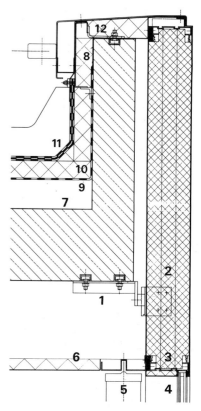

Attikadetail
1 Elementaufhängung
2 Alupaneel
3 Elementrahmen
4 Sonnenschutzglas
5 Vertiso
6 Akustikdecke
7 Gefällebeton
8 Dampfsperre
9 Folie
10 Wärmedämmung
11 Feuchtigkeitsisolierung
12 Folienunterdeckung

Die Westansicht von der
Seidlstraße aus.

**EDV-Verwaltungsgebäude
der Landeshauptstadt
München**

Bürogebäude mit Rechen-
zentren und Wohnung
Planungsbeginn: 1974
Baufertigstellung: 1976
BDA-Preis Bayern 1977
Anerkennung

Die Straßenrandbebauung verlangte einen Baukörper in L-Form. Die städtebaulichen Bindungen, wie Anschluß an die Nachbarbebauungen, Einhalten der Traufhöhe, legten die Anzahl der Geschosse, Geschoßhöhen und das terrassenförmige Abtreppen im Hof fest. Das umfangreiche Raumprogramm und

Die unterschiedlichen Nutzungsmöglichkeiten: Großräume (EDV-Maschinensäle), Einzel-Büros, freie Unterteilbarkeit und die Überlegungen der städtebaulichen Einfügung des Gebäudes in den kleinmaßstäblichen Altstadtbereich waren entscheidend für Materialwahl und den Maßstab der Fassaden. Glie-

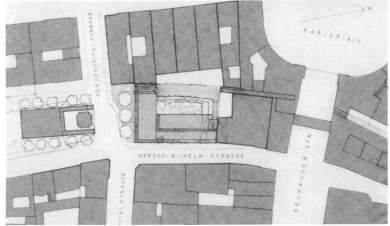

die Forderung nach kurzen Wegen ergab zwingend die konzentrierte Grundrißanordnung.

Das Gebäude gliedert sich in drei Nutzungsbereiche: Erdgeschoß mit Läden und öffentlichen Fußgängerbereichen, Obergeschosse mit den Maschinensälen und den dazugehörigen Büros, Aufenthalts- und Sitzungsräumen, zwei Untergeschosse mit Technik- und Lagerräumen und 34 Pkw-Abstellplätzen.

derung der Fassaden durch senkrechte Pfosten aus schwarz eloxiertem Aluminium. Anschlußmöglichkeit von leichten Trennwänden an jedem senkrechten Fassadenpfosten. Sonnenschutzisolierglas, Calorex-Brüstungen und Deckenstreifen als Paneelfelder. Tragwerk als Stahlbetonskelett mit Sichtziegelmauerwerk und dazwischenliegender Isolierung. Stützenachsmaß 8,40 x 8,00 m. Decken und aussteifende Kerne, Grundwasserwanne in Stahlbeton.

Erdgeschoßgrundriß:
1 Durchfahrt
2 Anlieferung Hof
3 Eingang Verwaltung
4 Läden und Boutiquen
5 Café
6 Rampe Tiefgarage

1. Obergeschoß:
1 EDV-Maschinensaal
2 Personalaufenthalt
3 Tagespapierlager
4 EDV-Nachbearbeitung
5 Programmierung
6 Systemanalyse
7 Kunden
8 Arbeitsvorbereitung
9 Datenarchiv

4. Obergeschoß:
1 Terrasse
2 Aufenthalt
3 Konferenz
4 Programmierung +
  Systemanalyse

Schnitt:
1 Bandlager
2 Lüftungszentrale
3 Lager + Archiv
4 Arkaden
5 Anlieferung
6 Büroräume

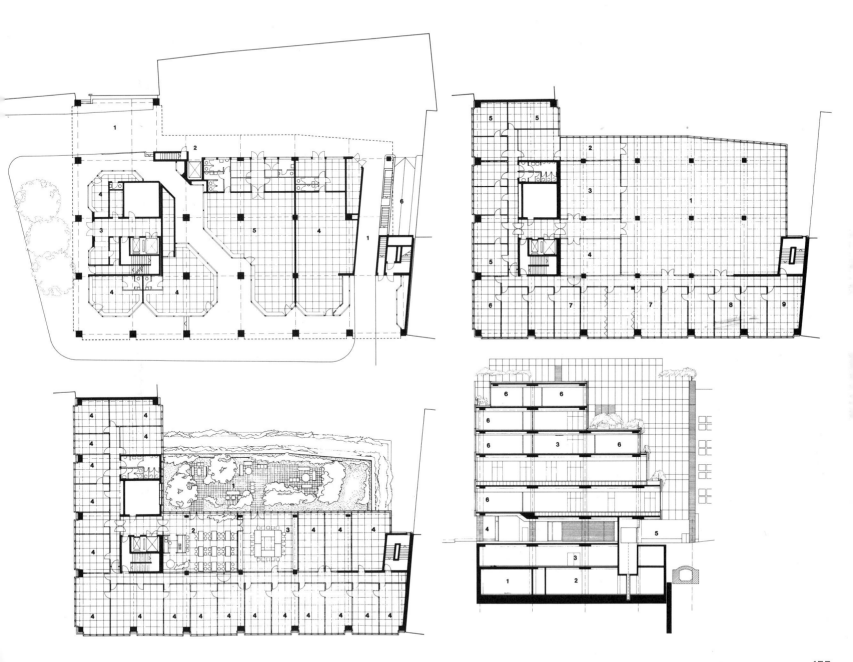

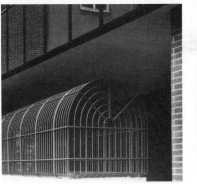

Wegen zu geringer Heizleistung und Überalterung der vorhandenen Anlage sowie durch den erhöhten Wärmebedarf durch den Neubau der Offiziersschule der Luftwaffe wurde der Neubau einer Heizzentrale auf dem Flughafengelände notwendig. Sie gliedert sich in 3 Baukörper. Entlang dem Anschlußgleis für die Kohleanlieferung liegen das vollautomatische Kohlelager mit der Kohleübergabestation und das Kesselhaus mit dem Kamin. Kohlelager und Kesselhaus sind miteinander durch den Aschesilo verbunden. An das Kesselhaus schließt sich über die Schaltwarte als Gelenk ein eigener Baukörper,

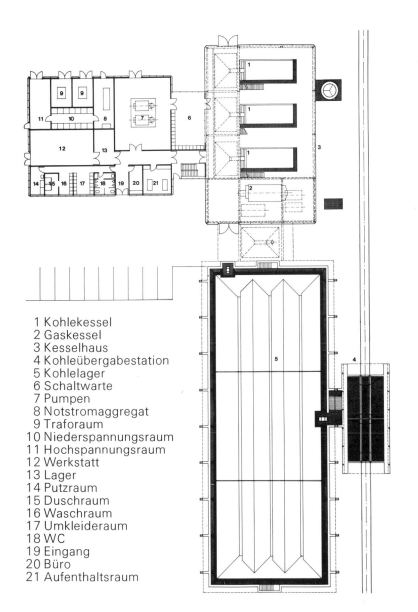

1 Kohlekessel
2 Gaskessel
3 Kesselhaus
4 Kohleübergabestation
5 Kohlelager
6 Schaltwarte
7 Pumpen
8 Notstromaggregat
9 Traforaum
10 Niederspannungsraum
11 Hochspannungsraum
12 Werkstatt
13 Lager
14 Putzraum
15 Duschraum
16 Waschraum
17 Umkleideraum
18 WC
19 Eingang
20 Büro
21 Aufenthaltsraum

das Pumpenhaus an, in dem Pumpenraum, Trafostationen, Werkstatt, technische Räume, Wasch- und Aufenthaltsräume sowie ein Büroraum untergebracht sind.

Die Fassaden sind in einem schwarzblauen Farbton gehalten.

Kohlelager

Das Kohlelager (Außenmaße 52,80 x 20,40 m, Traufhöhe 13,20 m, Gesamthöhe 15,50 m) besteht aus einem auf – 4,00 m abgesenkten Untergeschoß, in dem auf Stahlbetonschotten im Achsabstand von 6,00 m die gefaltete Kohlelagerwanne mit einer Lagerkapazität von 5000 t liegt. Mit vollautomatischen Bändern und Becherwerken wird die aus den drei Abzugsrinnen geförderte Kohle zu den Kesseln gebracht.

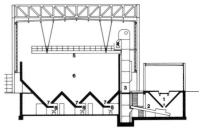

Schnitt durch das Kohlelager mit dem Kohleübergabetrichter (1) und dem Förderband (2), das die Kohle zum Becherwerk (3) bringt. Vom Becherwerk aus wird die Kohle über das Längsförderband (4) und die Querverteilung (5) in die Lagerwanne (6) geschüttet. Aus den Abzugsrinnen (7) wird die Kohle entnommen und über das Förderband (8) zum Kesselhaus gebracht.

(rechts) Fassadendetail:
1 Obergurt 2 U 300
2 Untergurt 2 U 300
3 Senkrechte IPE 300
4 Diagonalen IPE 300
5 Trapezprofilblech
6 Rahmenstiel
7 Regenrinne mit Gefälle
8 Pfosten IPBl 160
9 gekantetes Alublech, ein-
   brennlackiert
10 2 x 2 Hammerkopfschrauben

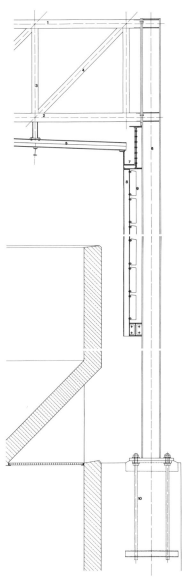

Über die Lagerwanne ist die
Stahlrahmenkonstruktion mit
einer Verkleidung aus gekante-
ten Aluminiumblechen gestülpt.
Die getrennte Hülle erfüllt die
Forderung nach möglichst
geringer Umweltbelastung
durch Kohlestaub. An ihr sind
die Kohleverteilungsbänder,
Notbekohlung und Wartungs-
bühnen aufgehängt.

Innenansicht des Kesselhauses

Kesselhaus

Über einem Kellergeschoß aus Stahlbeton wurde das Kesselhaus in einer Stahlrahmenkonstruktion im Raster von 7,20 m x 5,40 m bzw. 9,00 m errichtet. Die Traufhöhe beträgt 14,50 m. Die Windaussteifung erfolgt in der einen Richtung über die eingespannten Rahmen, in der anderen über Windverbände in den Endfeldern. Die Zwischenstützen an den Stirnseiten sind als Pendelstützen ausgebildet. Die Fassade besteht aus einer Pfosten-Riegel-Konstruktion in den Achsmaßen 0,65/1,80 m. Die Südseite ist mit Aluminiumpaneels, die drei restlichen Seiten sind mit Calorex-Sonnenschutzglas ausgefacht. Für die Belüftung sind unten und oben an den Längsseiten je 2 Fensterbänder angebracht. Ein Teil der Fassadenfelder ist demontierbar, um einen allenfalls notwendig werdenden Austausch der Heizkessel vornehmen zu können.

Zur Wärmeerzeugung sind 3 kohlebeheizte Heißwasserkessel mit einer Wärmeleistung von 12 Gcal/h sowie ein erdgasbeheizter Kessel mit 6 Gcal/h Wärmeleistung installiert. Die Brennstoffrückstände, Schlacke, Flugasche, Ruß, werden pneumatisch an den Kesseln abgezogen und in den 60 m³ fassenden Aschesilo gefördert und über eine Austragschnecke mit Befeuchtung direkt auf LKW entleert.

Über der Durchfahrt zwischen Kesselhaus und Kohlelager ist der Aschesilo aufgehängt. Die Fassade besteht wie beim Kesselhaus aus einer Pfosten-Riegel-Konstruktion, die mit Aluminium-Paneels ausgefacht ist.

Das eingeschossige Pumpenhaus ist unterkellert. Das konstruktive System ist eine Schottenbauweise mit Massivdecken aus Stahlbeton. Die Außenwände bestehen zum Teil aus Betonscheiben. Der gesamte Baukörper wird von einer hinterlüfteten Alu-Fassade in Pfosten-Riegel-Konstruktion umschlossen. Die lichte Höhe bis Unterkante Dachkonstruktion ist durch funktionale Zusammenhänge zwischen Kesselhaus und Kohlelager bestimmt. Um das Gebäude trotz der großen Spannweite von 22,40 m möglichst niedrig zu halten, wurde die Tragkonstruktion in Form von Stahlfachwerkbindern nach außen gelegt und das Dach aus beschichtetem Trapezblech daruntergehängt. Die Windaussteifung erfolgt in der einen Richtung über die eingespannten Rahmen, in der anderen über außenliegende Windverbände in den Endfeldern. Die Konstruktion ist von außen ablesbar.

Die Gesamtanlage von Norden
vor dem Hügel der OSLW

**Offizierschule der Luftwaffe
OSLW
Fürstenfeldbruck**

Hörsaalgebäude, Stabs-
gebäude, Unterkünfte
Planungsbeginn: 1974
Baufertigstellung: 1977

Der Studienbetrieb in der Offiziersschule der Luftwaffe gleicht dem eines englischen College. Im Vordergrund stehen die pädagogischen Anforderungen und die Möglichkeit, künftigen Entwicklungen Spielraum zu geben. Neben dem Studienbetrieb ist das Wohnen und Arbeiten von gleicher Bedeutung und erfordert ein vielseitiges Angebot für die Gestaltung der Freizeit. Aufgabe war der städtebauliche Entwurf für die Gesamtanlage sowie die Planung eines Hörsaalgebäudes mit Auditorium Maximum, Film- und Spezialhörsaal, großen und kleinen Hörsälen, der Unterkünfte für 1100 Studierende der Offiziersschule in Einzel- und Doppelzimmern, sowie Inspektionsgebäuden, eines Stabs- und Wirtschaftsgebäudes und der Heizzentrale.

Durch eine räumliche Gruppierung der Baukörper um offene und geschlossene Höfe entsteht eine konzentrierte Bauanlage. Durch den aufgenommenen Maßstab und die geringe Höhenentwicklung wird auf die vorhandene Bebauung Rücksicht genommen. Alle Bauten sind nach einem klaren Entwurfsprinzip auf einem Grundmodul aufgebaut. Durch die Situierung der Unterkünfte und der Mensa um das Hörsaalgebäude werden kurze Verbindungswege erreicht. Die Gesamtanlage wurde in die natürliche wie auch durch kräftige Erdmodellierungen geschaffene Landschaft eingefügt. Architektur und Landschaft werden zu raumbildenden Außen- und Innenbereichen.

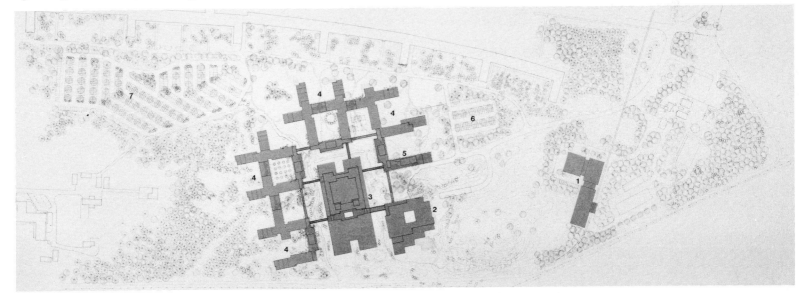

Lageplan
1 Heizzentrale
2 Wirtschaftgebäude
3 Hörsaalgebäude
4 Lehrgruppen A, B ,C, D
5 Stabsgebäude
6 Gästeparkplatz
7 Parkplatz

Unterkünfte

Bei den Unterkünften wurde trotz der sehr wirtschaftlichen zweihüftigen Anlage der Charakter einer Wohnbebauung mit hohem Wohnwert erzielt. Durch die Anordnung der Baukörper um drei- und vierseitig geschlossene Innenhöfe ergeben sich erlebnisreiche Außenanlagen. Die terrassierten Freizeitbereiche werden mit dem dicht heranreichenden Waldgürtel verknüpft. Alle Außenbereiche wurden als verkehrsfreie Fußgängerzone konzipiert. Sie müssen lediglich für Sanitätswagen und Feuerwehr freigehalten werden. Die Landschaftsplanung stützt durch vielfältige

Gestaltung der Freibereiche die angestrebte Kommunikation und Erholung. Zwischen den einzelnen Lehrgruppen sind offene Stahlstege angeordnet, um die enge Verbindung der einzelnen Lehrgruppen und Dienstbereiche zu ermöglichen. Alle Unterkunftsgebäude sind unterkellert. Im unterkellerten Bereich befinden sich die Räume für den Grundschutz, die Lager-, Trocken- und Waschräume. Die Lehrgruppe A ist nur mit Einzelzimmern, die Lehrgruppen B, C, D sind mit Doppelzimmern ausgestattet.

Die Baukörper mit Mittelgang wurden in den Kernzonen gegeneinander verschoben; so entstehen nur kurze Flurbereiche und aufgeweitete Kernzonen als Aufenthaltsbereiche mit Sitzplätzen.

Das Einzelzimmer mit 14 m² hat ein Achsmaß 3,00/4,80 m. Möblierung: Ein eingebauter Wandschrank mit Waschnische, Kleiderschrank und Bücherregal, am Fenster der Arbeitsplatz, Bett, sowie Raum für eine Sitzgarnitur.

Das Doppelzimmer mit 28 m² hat ein Achsmaß 6,00/4,80 m. Ausstattung wie Einzelzimmer. Zwei eingebaute Schlaf- und Waschnischen, die eine gegenseitige Störung vermeiden. Ohne großen baulichen Aufwand können die Doppelzimmer durch eine vorgefertigte Einbauwand in Einzelzimmer umgestaltet werden. Gemeinschaftsräume mit Teeküchen und Einzelkühlboxen sind in allen Geschossen angeordnet. Diese Räume haben Zugang zu den begehbaren und gärtnerisch gestalteten Dachterrassen.

Vor die Fassaden der Unterkünfte sind Balkone zum Reinigen der aus Schallschutzgründen fest verglasten Fensterflächen mit Lüftungsklappen angeordnet.

Die Verwaltungen, also Stabs- und Inspektionsgebäude, wurden wegen der notwendigen Flexibilität mit versetzbaren Trennwand-Elementen ausgestattet.

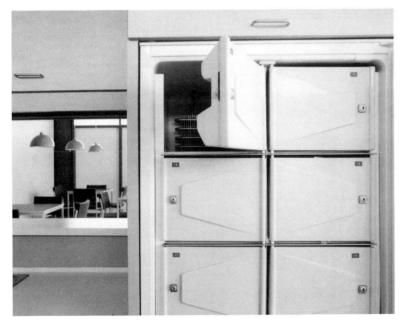

Aufenthaltsraum mit Kühlschrankfächern für jeden Lehrgangsteilnehmer

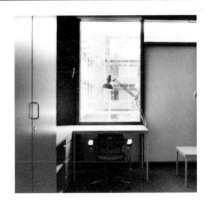

Durch die Terrassierung der Unterkunftsgebäude entsteht eine starke Verzahnung Landschaft – Bauwerk

Grundriß Erdgeschoß

S
Stabsgebäude:
1 Vorfahrt und Wendeplatz
2 Eingangshalle
3 Überdeckter Durchgang
4 Dienstfahrzeuge

Lehrgruppe A, B, C, D
1 Eingangshalle
2 Überdeckter Durchgang
3 Doppelzimmer
4 Einzelzimmer
5 Kernzone

H
Hörsaalgebäude
1 Lichthof
2 Passage
3 Fachbibliothek
4 Pausenhalle und Garderobe
5 Inspektionshörsaal teilbar
6 Kleiner Hörsaal
7 Nebenraum und Lager
8 Teilbereich Auditorium
  Maximum

W
Wirtschaftsgebäude
1 Haupteingang
2 Speisesaal
3 Küche mit Ausgabe
4 Innenhof
5 Klubraum
6 Fernsehzimmer
7 Caféteria
8 Kantinenküche

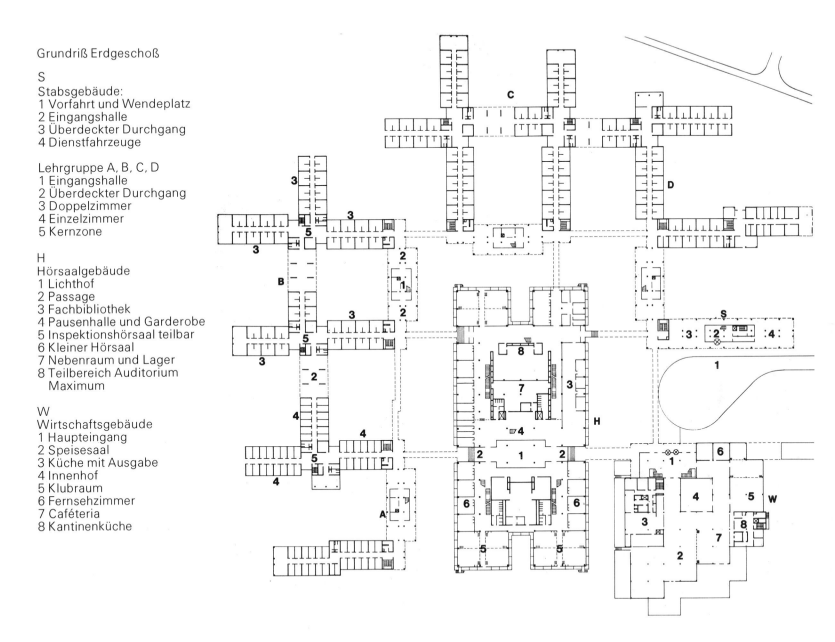

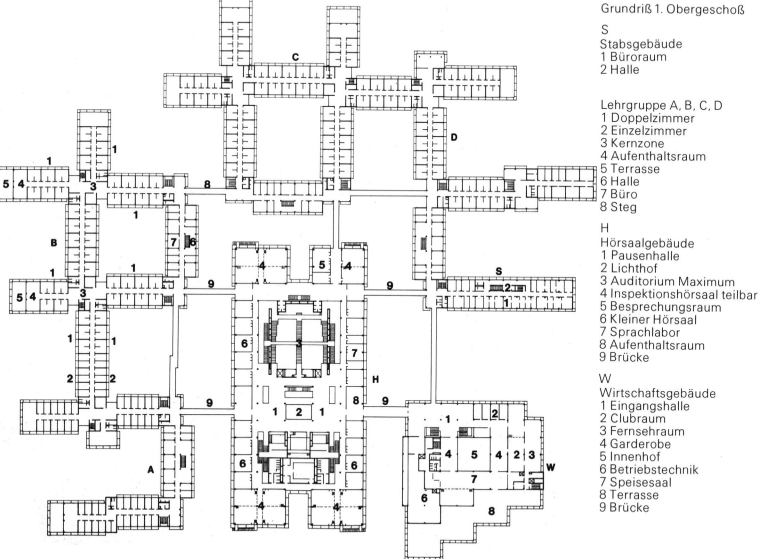

Grundriß 1. Obergeschoß

S
Stabsgebäude
1 Büroraum
2 Halle

Lehrgruppe A, B, C, D
1 Doppelzimmer
2 Einzelzimmer
3 Kernzone
4 Aufenthaltsraum
5 Terrasse
6 Halle
7 Büro
8 Steg

H
Hörsaalgebäude
1 Pausenhalle
2 Lichthof
3 Auditorium Maximum
4 Inspektionshörsaal teilbar
5 Besprechungsraum
6 Kleiner Hörsaal
7 Sprachlabor
8 Aufenthaltsraum
9 Brücke

W
Wirtschaftsgebäude
1 Eingangshalle
2 Clubraum
3 Fernsehraum
4 Garderobe
5 Innenhof
6 Betriebstechnik
7 Speisesaal
8 Terrasse
9 Brücke

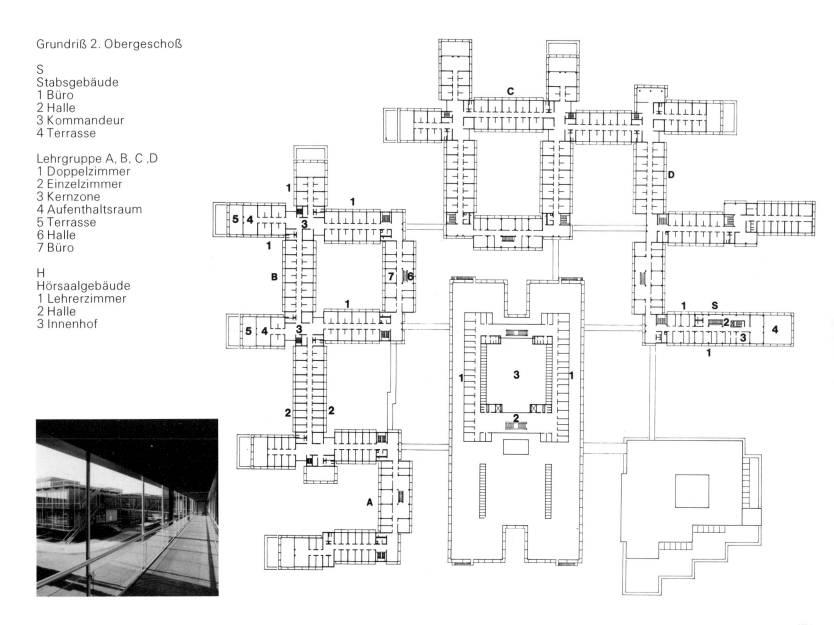

Grundriß 2. Obergeschoß

S
Stabsgebäude
1 Büro
2 Halle
3 Kommandeur
4 Terrasse

Lehrgruppe A, B, C ,D
1 Doppelzimmer
2 Einzelzimmer
3 Kernzone
4 Aufenthaltsraum
5 Terrasse
6 Halle
7 Büro

H
Hörsaalgebäude
1 Lehrerzimmer
2 Halle
3 Innenhof

Die aus Schallschutzgründen festverglasten Fassaden werden von den offenen Umgängen aus gereinigt und gewartet. Während der Bauzeit dienten sie als Gerüstbühnen für die Montage der vorgefertigten Fassadenelemente. Die mattsilbernen Pfosten und Holme aus Aluminium-Rundrohr wirken vor den blauen Elementen der Fassade wie eine zweite Haut, die die unterschiedlichen Gebäude der Gesamtanlage miteinander verbindet.

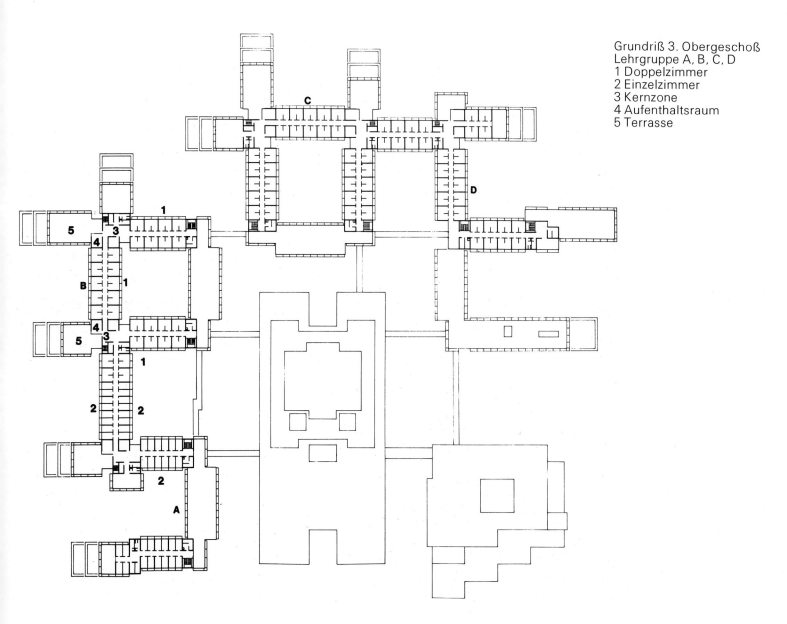

Grundriß 3. Obergeschoß
Lehrgruppe A, B, C, D
1 Doppelzimmer
2 Einzelzimmer
3 Kernzone
4 Aufenthaltsraum
5 Terrasse

Das Hörsaalgebäude bildet die bauliche Mitte der Schule. Ausgangspunkt der funktionellen Überlegungen waren in erster Linie die günstige Lage zu allen zugeordneten Gebäuden und die kurzen Wege. Freitreppen führen zu den fünf Eingängen des Gebäudes: ein Eingang an der Schmalseite, an jeder Längsseite zwei Eingänge, wovon der eine über eine breite belichtete Passage über einen Innenhof zu den Eingängen des Foyers führt.

bereich nimmt das ansteigende Auditorium Maximum mit 900 Sitzplätzen, die Spezialhörsäle mit steigendem Gestühl und den Filmhörsaal auf. Durch freitragende Treppen und galerieartige Öffnungen in den Decken sind die Foyerzonen in den Erd- und Obergeschossen räumlich und optisch verbunden.

Im Obergeschoß erschließen vier schmale verglaste Stahlfachwerkbrücken die

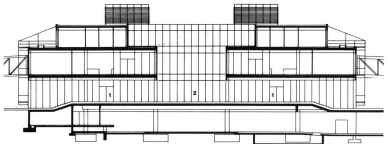

Das Hörsaalgebäude ist als dreibündige Anlage entworfen. An den Längsseiten liegen alle mit Tageslicht versehenen Hörsäle, Sprachlabors, die Bibliothek mit ihren Nebenräumen, sowie für Sondernutzung. An den Enden der Längsseiten sind je vier große unterteilbare Inspektionshörsäle untergebracht, die durch bewegliche Wände zu einem Großraumhörsaal zusammengefaßt werden können, um zukünftigen pädagogischen Entwicklungen und variablen Unterrichtsformen Spielraum zu geben. Der Kern-

Unterkünfte und eine das Wirtschaftsgebäude. Die Breite der Übergänge wird von der Frequentierung durch die Benutzer bestimmt.

Querschnitt durch das Hörsaalgebäude mit Passage (1) und Lichthof (2)

Im Dachgeschoß liegen die Dozentenzimmer, an deren zurückgesetzten Längsseiten begehbare Dachflächen mit Pflanzbeeten vorgelagert sind. Diese Bereiche, mit Blick auf die umgebenden Gebäude, in die Höfe und die Landschaft, dienen dem Aufenthalt in den Unterrichtspausen ebenso wie der begrünte begehbare Innenhof über dem Auditorium Maximum. Notwendige Fluchtwege bilden die offenen Fassadenumgänge mit den vier Nottreppen. Die Treppen sind wie die Wartungsbalkone in Stahl mit Stahlrosten und Aluminium-Geländer konstruiert. Von den offenen Umgängen aus werden die aus Schallschutzgründen fest verglasten Fassaden gereinigt und gewartet. Sie nehmen die Sonnenschutzanlagen auf und wirken als Blendschutz. Während der Bauzeit dienten sie auch als Gerüstbühnen für die Montage der vorgefertigten Fassadenkonstruktionen.

Blick in den großen Hörsaal.
Die Treppenanlagen an den
Längsseiten des Auditorium
Maximum erhalten Licht über
schräge Dachverglasungen.

Stuhldetail im Auditorium
Maximum

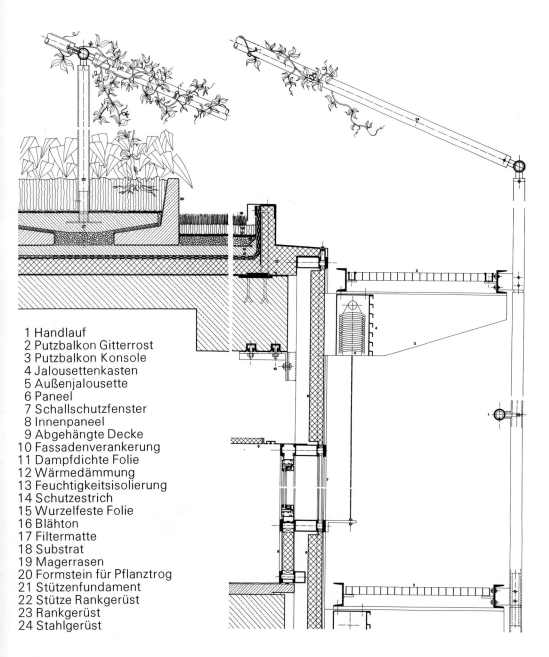

1 Handlauf
2 Putzbalkon Gitterrost
3 Putzbalkon Konsole
4 Jalousettenkasten
5 Außenjalousette
6 Paneel
7 Schallschutzfenster
8 Innenpaneel
9 Abgehängte Decke
10 Fassadenverankerung
11 Dampfdichte Folie
12 Wärmedämmung
13 Feuchtigkeitsisolierung
14 Schutzestrich
15 Wurzelfeste Folie
16 Blähton
17 Filtermatte
18 Substrat
19 Magerrasen
20 Formstein für Pflanztrog
21 Stützenfundament
22 Stütze Rankgerüst
23 Rankgerüst
24 Stahlgerüst

Im Untergeschoß ist die Haustechnik mit Räumen für die Klimazentrale, für Heizung und Sanitär, für Hoch- und Niederspannung und die Transformatorenstation mit Notstromaggregat und Lagerräumen untergebracht. Die Versorgung geschieht über den unterirdischen Versorgungstunnel, der als Ladehof mit Wendemöglichkeit für Fahrzeuge ausgebildet ist. Durch die unterirdische Erschließung und die großzügigen Parkplätze für Besucher und Nutzer konnte das ganze Gebiet vom Autoverkehr freigehalten werden. Die gesamte Ver- und Entsorgung wird über einen Versorgungskanal im Untergeschoß abgewickelt, der alle Gebäude miteinander verbindet (u. a. Müllentsorgung, Post- und Wäscheverteilung, Gepäck- und Gütertransport). Ferner sind in diesem Versorgungstunnel die Installationshauptverteilungen verlegt. Er ist über den Containerbahnhof mit den Versorgungszentren von Hörsaal- und Wirtschaftsgebäude verbunden.

Für alle Bauten der Schule wurde ein technisch einfaches, aber klares und wirtschaftliches Konstruktionsprinzip mit bewährten Tragsystemen gewählt, das auch die angestrebte Geradlinigkeit der Anlage unterstützt. Für das Hörsaalgebäude, die Verwaltungen und das Wirtschaftsgebäude wurde der Nutzung entsprechend die Skelettbauweise und bei den Unter-

künften die Schottenbauweise
angewandt.

Die kurzen Planungs- und
Ausführungstermine ließen für
den Rohbau keine Planungsvor-
läufe für die Vorfertigung der
Tragwerke zu. Aus diesem
Grund wurden alle Tragwerke in
Ortbetonweise ausgeführt. Die
Fassaden und große Teile der
Ausbauwerke wurden vorge-
fertigt. Die verwendeten Mate-
rialien Stahl, Aluminium und
Glas für die Raumabschlüsse
betonen die gewollte technische Formensprache und
lassen trotz ihrer Einheit eine
vielfältige architektonische Ge-
samtgestalt der Schule zu.

Wirtschaftsgebäude
Das über kurze Wege mit dem
Hörsaalgebäude und dem
Stabsgebäude verbundene
Wirtschaftsgebäude öffnet sich
mit den wesentlichen Heim-
und Speiseräumen nach den
Freiflächen im Nordosten und
Südosten. Mit seiner Nordwest-
seite flankiert es das Stabsgebäude und die Haupterschlie-
ßung und Vorfahrt der Offiziersschule. Parallel zur Südwest-
seite ist das Hörsaalgebäude
situiert. Der plastisch gestaffelte
Baukörper mit teilweise zurück-
springendem Obergeschoß ist
Ausdruck der vielseitigen Funktionen, die das Wirtschaftsgebäude zu erfüllen hat. Planung
des Wirtschaftsgebäudes:
Finanzbauamt München II.

Verwaltungsgebäude VBB
München

Bürogebäude mit Wohnungen
Wettbewerb
Planungsbeginn: 1972
Baufertigstellung: 1977

Das Gebäude steht an der Theresienwiese zwischen Bavariaring und Esperantoplatz.
 Die vom Esperantoplatz ausgehenden, strahlenförmigen Straßenzüge mit den begleitenden Einzelbauten aus dem 19. Jahrhundert sind für die Gestalt dieses Stadtteiles kennzeichnend.

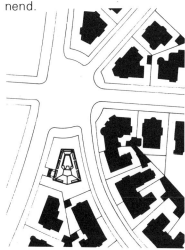

Das Gebäude, das nach behördlicher Verordnung ein Büro- und Wohngebäude sein sollte, hat einen trapezförmigen Grundriß, der den Baulinien entlang der Straße folgt. Die festgelegte Traufhöhe bestimmte die Zahl der Geschosse. Sie nehmen folgende Raumgruppen auf: Im Untergeschoß, Erd- und 1. Obergeschoß: Büros, Besprechungs- und Konferenzräume, Bibliothek und die Mieträume einer Bankfiliale; im 2. Obergeschoß Wohnungen verschiede-

ner Größe: 1-Zimmer-Appartements, 2- und 3-Zimmer-Wohnungen und im Dachgeschoß 3-Zimmer-Wohnungen und 2-geschossige 4-Zimmer-Dachterrassenwohnungen mit jeweils vorgelagerten Terrassen (Maisonette). Im Kellergeschoß ist neben Keller- und Technikräumen eine Tiefgarage mit 16 Pkw-Stellplätzen angeordnet. Charakteristisch für das Gebäude ist die glatte, durch ein filigranes Gitterwerk fein gegliederte Außenhaut aus Glas.

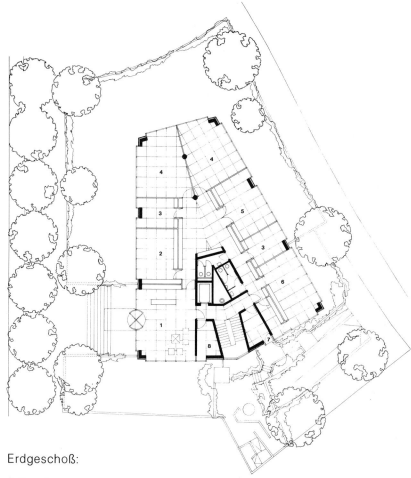

Weitgehende Flexibilität in der Büroraumaufteilung mit Zwischenwandanschlußmöglichkeit an jeder Fensterachse. Vorgehängte, geschoßhohe Aluminium-Fassadenelemente in schwarz eloxierter Ausführung, mit hellen Glas-Paneelfüllungen im Decken- und Brüstungsbereich, Lüftungsflügel als Drehkippfenster. Außenliegende Leichtmetalljalousettenanlagen mit elektrischem Antrieb an den Sonnenseiten.

Durch kräftige, bleiverkleidete Pfeiler, die in die Bleiverkleidung der steilen Dachfläche übergehen, wird die Fassade gegliedert.

6-geschossiges Stahlbetonskelett im Grundraster von 1,20 m/1,20 m, mit aussteifendem Kern und Massivdecken, Außenstützen mit Randunterzügen und zwei Innenstützen mit einem gegabelten Unterzug in der Symmetrieachse.

Erdgeschoß:

1 Empfang
2 Bibliothek
3 Archiv
4 Zentralarchiv
5 Kopierraum
6 Aufenthaltsraum
7 Hauseingang
8 Telefonzentrale

1. Obergeschoß:
1 Konferenzraum
2 Chefbüro
3 Sekretariat
4 Büroräume
5 Teeküche

2. Obergeschoß:
A 2-Zimmer-Wohnung
B 1-Zimmer-Appartement
2-Zimmer-Wohnung
D 3-Zimmer-Wohnung

3. Obergeschoß:
E 4-Zimmer-Maisonette
F 3-Zimmer-Wohnung

4. Obergeschoß:
Galerie

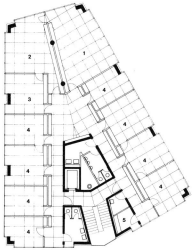

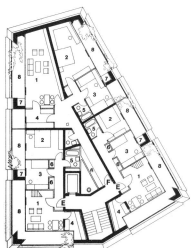

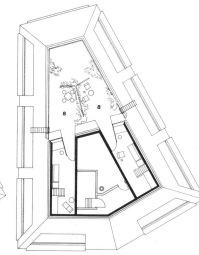

1 Wohnraum
2 Eltern
3 Kinder
4 Küche
5 Bad
6 Abstellraum
7 Gartengeräte
8 Terrassen

183

Tankstellen sind zunehmend zur Belastung unserer Stadtlandschaften geworden. Zur visuellen Umweltzerstörung tragen sie einen erheblichen Teil bei. Die „Diversifikation" verwandelte die Tankstellen zu Basaren.

Esso wollte eine Überprüfung dieser Situation, verbunden mit einer verbesserten Konzeption für Bedienung und Selbstbedienung.

Konzipiert wurde ein Baukastensystem aus wenigen industriell gefertigten Bauelementen, die als Bestandteil der technischen Zivilisation verstanden werden können.

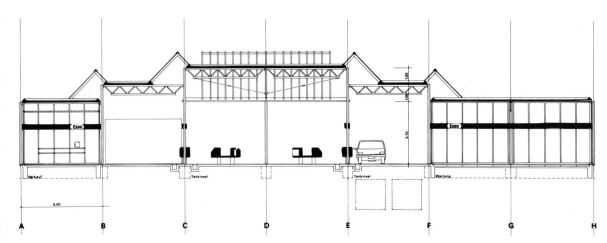

Die Apparate bleiben in der
Höhe optimaler Handhabung
(0,46 m–1,00 m). Durch ihre
Anhebung entsteht eine durch-
gängige Bodenfreiheit. Erhöhte
Tankinseln entfallen. Der freie
Raum zwischen Oberkante
Apparateebene und rotem Band
ermöglicht eine uneinge-
schränkte Übersicht über die
gesamte Anlage.

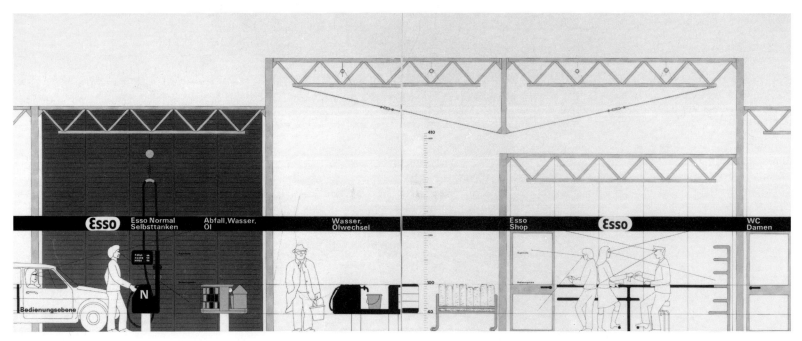

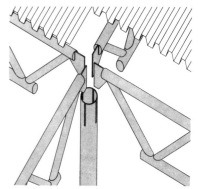

Die Elemente sind detailgenau konstruiert und präzise gefertigt. Materialwahl und -behandlung eher einfach und direkt, weniger repräsentativ und dekorativ. Verzinkte Stützen und Rohrbinder werden zur Farbkonstante, ergänzt durch die vorgegebenen Farben graphitgrau, rot und blau.

Das Baugebiet liegt in einer
Auenlandschaft entlang der Isar
im Norden von München.
Aus überregionaler Sicht soll
dieses Landschaftsschutzgebiet
der Naherholung dienen. Die
Isarauen werden bis Freising
weiter kultiviert.
　　Dazu gehört in erster Linie
der Auenwaldgürtel, der auf
dem Grundstück nach Osten zur
Isar hin aufgeforstet werden
soll. Auch nach Süden zur Gemeinde Dietersheim und entlang der Freisinger Landstraße
sind Aufforstungen vorgesehen.
Die Baumaßnahmen greifen
nicht in bestehende Waldflächen.
Eine optimale Einbindung in die
Landschaft wird angestrebt.

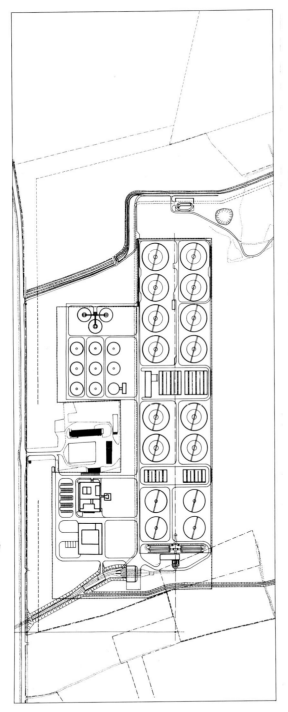

Straße nach Freising

Schlammbehandlung

Faulbehälter
Voreindicker
Nacheindicker
Schlammspeicher
Gasbehälter +
Gasstation

Gut Marienhof

Betriebsgebäude
Verwaltungs-, Labor-
und Sozialgebäude
Zentrale Warte

Werkstätten, Lager-
und Garagengebäude

Hochwasserpumpwerk

2. biologische Stufe
Nachklärung Stufe 2

Belebung Stufe 2
Maschinenhaus

1. Biologische Stufe
Nachklärung Stufe 1

Belebung Stufe 1

Mechanische Stufe
Vorklärung
Belüftete Sandfänge
Einlaufhebewerk
Rechenanlage

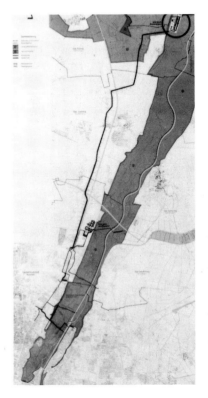

Lageplan
Klärwerk München 2
Abwasser-Verbindungskanal
Isar mit Isarauen
Klärwerk Großlappen

Lageplanalternativen

Neben der Auswahl der optimalen Lösung der Aufgabe soll dieses Verfahren später nachvollziehbar machen, unter welchen Aspekten die Alternativen beurteilt wurden.

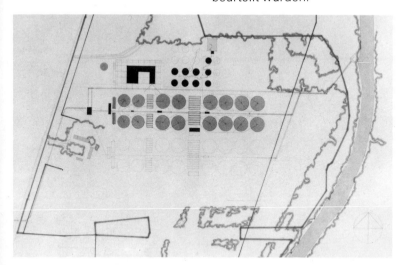

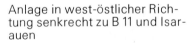

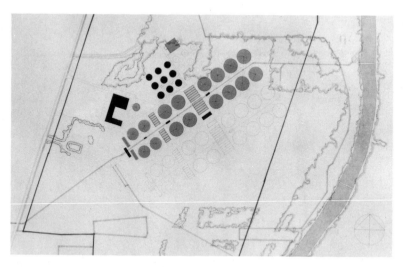

Anlage in west-östlicher Richtung senkrecht zu B 11 und Isarauen

3 Lageplanalternativen mit jeweils mehreren Varianten wurden einer gemeinsamen Beurteilung unterzogen nach den Gesichtspunkten
A. Lage im Grundstück
B. Landschaft
C. Betriebstechnik

Die Kriterienliste beinhaltet:
A. Lage im Grundstück:
1. Genutzte Fläche
2. Restflächen, Erweiterungen
3. Erschließung, Gesamtanlage
4. Wegeführung für Bewirtschaftung
5. Behinderung Bauablauf
6. Lage zu Dietersheim
7. Lage zum Auwald
8. Hochwasserhaltung

Anlage in diagonaler Richtung zwischen B 11 und Isarauen

B. Landschaft
1. Einfügung in die Landschaft
2. Eingrünung zu Straße und Auwald
3. Parzellenstruktur
4. Einzäunung

C. Betriebstechnik
1. Kanal Ein- und Auslauf
2. Lage Regenauslaß
3. Lage der Betriebsgebäude und Zentralen Warte
4. Lage Faulbehälter und Eindicker
5. Mikroerweiterungen
6. Fläche für Schlammbehandlung

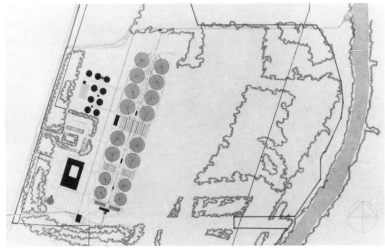

Blick von Westen auf das Klärwerk

Schlammbehandlung mit Faulbehältergruppe, Verbindungsbrücken und Aufgangsturm, Vor- und Nacheindicker, Gasbehälter
2. Biologische Stufe mit Nachklärung, Maschinenhaus und Belebungsstufe

Anlage parallel Straße und Isarauen

Nach Auswahlverfahren beste Lösung. Kurze, einfache Erschließung und Wegführung der Gesamtanlage. Günstige Lage zum Auwald und Dietersheim. Beste Berücksichtigung des Grundwasserflusses (von Süd nach Nord). Dichte Eingrünung zur B 11 und zum Auwald, Berücksichtigung der vorhandenen Parzellenstruktur. Erweiterbarkeit der Klärbereiche parallel nach Osten, Faulbehältergruppe nach Norden, Eindicker nach Süden. Verwaltungs-Labor-Sozialgebäude erweiterbar nach Norden, Osten und Westen, günstige Überblicksmöglichkeit der Zentralen Warte, Erweiterung des Werkstatt- und Garagengebäudes nach Osten, Süden, Westen.

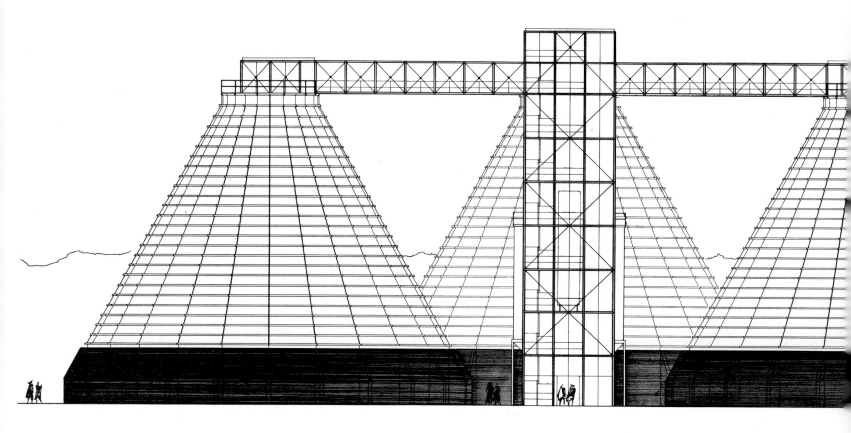

194

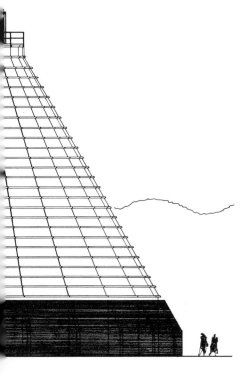

Ansicht Faulbehältergruppe

Verkleidung der Faulbehälter
mit hell eloxiertem Aluminium
und dunkelrotem Ziegelmauerwerk. Aufgangsturm und Verbindungsbrücken in Stahlkonstruktion.

Kurt Ackermann
und Partner

Kurt Ackermann, geboren 1928 in Insingen/Rothenburg ob der Tauber; 1946–1948 Praktikum und Gesellenprüfung als Maurer und Zimmermann; 1949–1954 Architekturstudium am Oskar von Miller-Polytechnikum und an der TH München; 1949–1953 Werkstudent bei der Obersten Baubehörde und beim Universitätsbauamt München. Ab 1953 eigenes Büro in München; 1967 Preis für die Förderung der Architektur der Landeshauptstadt München; 1971 Gastdozent an der TU Wien; 1974 Ruf an die TH Darmstadt. Seit 1974 ordentlicher Professor für Entwerfen und Konstruieren an der Universität Stuttgart.

Jürgen Feit, geboren 1928 in Mannheim; 1948–1953 Architekturstudium an der TH Karlsruhe; 1953 Diplom; 1953–1956 im Büro Professor Peter Poelzig; 1957–1958 Arbeit in England und Finnland bei Aarne Ervi; 1960–1969 Mitarbeiter im Architekturbüro Kurt Ackermann. Seit 1969 Partner von Professor Kurt Ackermann.

Peter Jaeger, geboren 1935 in Lüdenscheid; 1953–1959 Architekturstudium an der TH München; 1959 Diplom; 1956–1957 Studium der Graphik und Malerei an der Kunstakademie München, Professor Richard Seewald; 1959–1960 Mitarbeit im väterlichen Architekturbüro in Heidelberg; 1960–1969 Mitarbeiter im Architekturbüro Kurt Ackermann. Seit 1969 Partner von Professor Kurt Ackermann.

Richard Martin, geboren 1934 in Haslau Kreis Asch; 1948–1951 Lehre und Gesellenprüfung als Maurer; 1952–1956 Studium am Oskar von Miller-Polytechnikum, München; 1956–1969 Mitarbeiter im Architekturbüro Kurt Ackermann. Seit 1969 Partner von Professor Kurt Ackermann.

Jürgen Feit
Kurt Ackermann
Peter Jaeger
Richard Martin

Mitarbeiter

Florian Aicher
Ludwig Angerer
Siegfried Arnstadt
Karl Baumung
Gabor Benedek
Sieglinde Binnermann
Ulrich Böhm
Manfred Breiteneder
Uwe Breukel
Günter Burkhardt
Gerhard Busch
Peter Debold
Patrik Deby
Dieter Eberle
Adolf Ehrlich
Bodo Elleke
Richard Fischer
Richard Forward
Franz Göger
Zdenek Glöckle
Friedrich Haindl
Georg Hajek
Hermann Herz
Heinz Hirschhäuser
Eberhard Heilmann
Gerhard Hemmerlein
Claudia Hinterwalder
Rainer Hoffmann
Sylvia Hoffmann
Rudolf Hoppe
Klaus Huber
Wilfried Jauer
Werner Kaag
Helmut Katzl
Dieter Kiermaier
Ulrich Knoch
Norbert Koch
Rainer Koller
Jürgen Krauss
Angelika Kroeker
Helmut Kroner
Joachim Liehe
Ralf Tristan Linsi
Andreas Luz

Peter Mack
Peter Panitz
Hans Pfaff
Veit Pranter
Peter Pugler
Josef Putzer
Martin Reinfelder
Klaus Richter
Heinz Riegel
Adolf Rulofs
Klaus Ruß
Peter Schaad
Jutta Scheld
Christine Scheiblauer
Barbara Sieghart
Thaddäus Solonar
Barbara Schmeller
Eduard Schmutz
Heinrich Schuschnigg
Hans Georg Schürmeyer
Richard Schröppel
Fritz Steigenberger
Günter Stückle
Valentin Stürzl
Roswitha then Bergh
Klaus Treder
Wolfgang Thumann
Georg Wieland
Uwe Willsdorf
Rainer Wohlmann
Roland Woltmann
Friedrich Zandt
Michael Zenkoff

Erika Bültermann
Edeltraud Eisenschenk
Brigitte Geilfus
Christa Horneff
Trautl König
Margot Lades
Sabine Maile
Brigitte Renner
Gisela Röglin
Gertrud Weiß

Elvira Zeh

Afra Greger
Erna Gerwenat
Josephine Wanjek-Schuck

Zusammenarbeit

Architekten:
Dipl.-Ing. Peter Buddeberg,
Dipl.-Ing. Otto Schultz-Brauns
(Wettbewerb Konzertsaal
Arabellapark)
Prof. H. Busso von Busse,
Dipl.-Ing. Franz Kießling
Dipl.-Ing. Helmut von Werz und
Prof. Chr. Ottow (Wettbewerb
Olympische Bauten)
Professoren Kammerer + Belz
und Partner (Wettbewerb Flug-
hafen München II)
Dipl.-Ing. Franz Göger, Dipl.-Ing.
Rainer Plehn (Wettbewerb
Esso-Tankstelle)

Landschaftsarchitekten:
Prof. Günter Grzimek
Gerhard Härlin
Gottfried Hansjakob
Prof. Karl Kagerer
Prof. Gunnar Martinsson

Ingenieure:
Dipl.-Ing. Werner Abelein
Dipl.-Ing. A. C. Cronauer +
Ing. grad. Burkei
Dipl.-Ing. Friedrich Brosch
Dr. Ing. Rudolf Grimme
Dipl.-Ing. Maximilian Meier
Prof.-Dr.-Ing. Jörg Schlaich
Dipl.-Ing. Sailer, Stepan, Bloos
Dipl.-Ing. Karl Spies
Dipl.-Ing. Gottfried Raffelt

Sonderfachleute:
Prof. Dr.-Ing. Drees + Sommer
Prof. Dr.-Ing. Richard Jelinek
Brandi-Ingenieure
Ing.-Büro Schlegel GmbH + Co.
Dipl.-Ing. Paul Riemhofer

Fotografen:
Sigrid Neubert
Robert Winkler

Künstler:
Dieter Bohnet
Peter M. Bode
Prof. Lothar Fischer
Blasius Gerg
Karl Gerstner
Friedrich Koller
Dr. Adolf Luther
Tomitaro Nachi
Herbert Oehm
Panamarenko
Helmut Rieger
Gerhard Rothmann
Hans Rucker

Visuelle Kommunikation:
Otl Aicher
Rolf Müller

**Bauten und Projekte
nach Sachgebieten**

Einfamilienhäuser

Haus Schottenhamel
Haus Ebnet
Haus J. Gartner
Haus V. Gartner
Haus Holzbauer
Haus Rickert
Haus Dr. Peters
Haus Geisler
Haus Lang
Haus E. Höfter (36)
Haus B. Höfter
Haus Ackermann (40)
Haus Kammermeier (44)
Haus Graf von Norman
Haus Dr. Fischer (66)
Haus Meisel
Haus G. Moll (96)
Haus Schow (104)
Haus Götz (118)
Haus Dr. J. Gartner (120)

Wohnanlagen

Wohnanlage Meßner
Wohnanlage Ballauf
Wohnanlage Höfter 1. BA (54)
Wohnanlage Moll (78)
Wohnanlage Am Biederstein
Wohnanlage Höfter 2. BA (98)
Wohnanlage Winterling

Geschäftshäuser

Werbegesellschaft Gabler
Modehaus Kraus

Bauten für Lehre

Volksschule Insingen
O. v. Miller-Polytechnikum
Volksschule Enzelshausen
Berufsschule Mainburg
Ausbildungshalle Flughafen
Neubiberg (72)
Lehrwerkhalle Flughafen
Neubiberg (72)
Märker Lehrwerkstätte (56)
Hardtschule Weilheim (128)
Gesamtschule München-Nord
Offiziersschule der Luftwaffe
(164)
Hauptschule Herrsching
Fachakademie für Augenoptik

Bürobauten

Haus des Hopfens
Hypobank München-Schwabing
(48)
Paulanerbräu
Kreissparkasse Mainburg
Bürohaus Weißenberger (86)
Universität Regensburg
Rektorat (88)
Verwaltungsgebäude
Weishaupt (102)
Bürozentrum Schulz (114)
Oberpostdirektion Freiburg
BMW Hauptverwaltung
Hauptverwaltung Hypobank
Rechenzentrum Hypobank
Verwaltungsgebäude Wüstenrot
(144)
EDV-Verwaltungsgebäude (152)
Verwaltung BMW Dingolfing
Verwaltungsgebäude VBB (180)
Verwaltungsgebäude
Bayerische Rückversicherung

Krankenhäuser

Kreiskrankenhaus Mainburg
Kreiskrankenhaus Mallersdorf
Klinik St. Bonifaz München

Strukturplanungen

Sportgastein (140)

Sonderbauten

Feuerwache 4 (68)
Ponystall Graf von Norman
Umkleidekabinen Schwimmbad
Mainburg
Neue Pinakothek
Universität Regensburg
Studentenhaus (88)
Bauten für die Spiele der
XX. Olympiade
Konzertsaal Arabellapark
Bundesverwaltungsgericht
(134)
Flughafen München II
Tankstelle Esso

Kirchen

Kirchen- und Gemeindezentrum
Nürnberg-Gostenhof
Christus-Kirche Bad Füssing
(106)
Friedenskirche Gundelfingen
(112)

Industriebauten

Hopfenhalle Mainburg (37)
Märker Titanbrecher (56)
Hopfenhalle Klotz
Hopfenhalle Pfaffenhofen
Flugsicherungsleitstelle
München
Fertigungshalle BMW
Märker Homogenisierungssilo
(56)
Heizwerk der Bundesmonopol-
verwaltung fü Branntwein (64)
Lagerhalle Cramer
Halle 2 Götz Metallbau (76)
Zentralgarage Korn
Zentralwerkstätte Flughafen
Neubiberg (72)
Halle 3 Götz Metallbau (76)
Schneider + Söhne Lager- und
Verwaltungsgebäude
Werkhalle IWIS Winklhofer +
Söhne (110)
Märker Mischbett (56)
Märker Klinkersilos (56)
Verlagsgebäude Langenscheidt
Werkhalle Wanderer (124)
Halle 4 Götz Metallbau (76)
Märker Wärmetauscherturm
(56)
Heizzentrale Fürstenfeldbruck
(158)
Kläranlage München II
(190)

Publikationen in Fachzeitschriften

Architecture
2/1976 Zementwerk Märker

aw – Architekturwett-bewerbe
67/1967 Wettbewerb Gesamtschule München-Nord
77/1974 Wettbewerb Hypobank Arabellapark

Bauen + Wohnen
9/1956 Haus Josef Gartner
12/1956 Haus Viktor Gartner
1/1962 Hypobank
4/1962 Haus Ackermann
9/1963 Fertigungshalle BMW
11/1963 Wettbewerb Polytechnikum
12/1964 Haus Dr. Fischer
4/1966 Wettbewerb Universität Regensburg
1/1967 Hypobank
2/1969 Porträt
10/1969 Wettbewerb Konzertsaal Arabellapark
5/1970 Wettbewerb Verwaltungsgebäude Bayerische Rückversicherung
1/1972 Mietbüro Weißenberger
1/1972 Wohn- und Geschäftshaus Weishaupt
2/1973 Bürozentrum Schulz
7/1973 Fertigungshalle Wandererwerke
9/1973 Wohnanlage Winterling

12/1973 Haus Dr. Josef Gartner
4/1975 Mischbettanlage Märker
2/3/1976 Wettbewerb Flughafen
2/3/1977 Wüstenrot
11/1977 Wettbewerb Berufsschulzentrum
6/1978 Offiziersschule der Luftwaffe

Bauforum
46/1975 Sportgastein
48/1975 Nachtrag zu Sportgastein

Baumeister
1/1958 Haus Endter
12/1958 Haus Holzbauer
1/1959 Modehaus Kraus
10/1959 Hopfenhalle
10/1960 Verwaltungsgebäude Hopfenpflanzerverband
9/1961 Haus Peters
10/1961 Hopfenhalle Klotz
9/1962 Haus Ackermann
9/1962 Wohnanlage Meßner
12/1963 Haus Kammermeier
1/1964 Fertigungshalle BMW
3/1964 Offene Kaminanlage Haus Ackermann
8/1964 Zementwerk Märker
9/1964 Grundriß Haus Viktor Gartner
4/1965 Gästehaus Graf von Norman
6/1965 Mehrfamilienhaus Höfter
2/1966 Heizhaus der Bundesmonopolverwaltung

5/1966 Wettbewerb Universität Regensburg
9/1966 Städtebauwettbewerb Ingolstadt
11/1966 Wettbewerb Krankenhaus Mallersdorf
11/1967 Flughafen Abfertigungssystem
2/1968 Wettbewerb XX. Olympiade Schwimmhalle
1/1969 Wettbewerb Verwaltungsgebäude BMW
4/1969 Lehrwerkhallen, Ausbildungshalle und Zentralwerkstatt
8/1969 Wettbewerb Konzertsaal
5/1970 Wettbewerb Hypobank
1/1971 Projekt Hypobank
2/1971 Wettbewerb Gesamtschule
8/1971 Wohnanlage Moll
8/1971 Uni-Regensburg
12/1971 Lager + Verwaltung Schneider + Söhne
2/1973 Hardtschule Weilheim
5/1973 IWIS-Kettenfabrik
7/1973 Haus Gerhard Moll
4/1974 Mischbett Märker
6/1974 Strukturplanung Sportgastein
11/1974 Wüstenrot
12/1975 Flughafenwettbewerb
4/1976 Märker-Zementwerk
5/1976 Uni-Regensburg
1/1977 Wohnanlage Moll

10/1977 Verwaltungsgebäude EDV
10/1977 Wettbewerb BMW
4/1978 Wettbewerb Esso
5/1978 Offiziersschule der Luftwaffe

Die Bauverwaltung
10/1960 Bundesbediensteten-Wohnungen
2/1970 Wettbewerb Oberpostdirektion Freiburg
8/1970 Universität Regensburg
9/1977 Bundesverwaltungsgericht

Bauwelt
SH 1964 Eßplatz Haus Peters
SH 1964 Eßplatz Haus Ackermann
25/1966 Wettbewerb Kreissparkasse Mainburg
17/1971 Feuerwache 4 Kinderspielplatz
18/1971 Uni-Regensburg
33/1971 Wohnanlage Moll
8/1972 Wohnanlage Moll
8/1972 Märker Zementwerk
48/1972 Christuskirche Bad Füssing
48/1972 Friedenskirche Gundelfingen
11/1974 Mischbettanlage Märker
34/1976 Wärmetauscherturm Märker
26/1977 Bundesverwaltungsgericht
40/1977 Wettbewerb BMW

5/1969 Halle II, Götz
4/1976 Rektorat und
Studentenhaus
Uni-Regensburg
2/1978 Wüstenrot

DLW-Nachrichten
53/1972 Uni-Regensburg
57/1974 Wohnanlage
Biederstein
57/1974 Wohnanlage Moll
62/1978 Offiziersschule der
Luftwaffe in
Fürstenfeldbruck

Ideale Heim
12/1960 Haus Holzbauer
7/1964 Haus Lang

i.e.t.c.c
informes de la construcción
187/1967 Zementwerk Märker

Informationsdienst Holz
4/5/1963 Haus Ackermann
446/1967 Haus Kammermeier

a-c
Internationale Asbest-
zement Revue
21/1961 Hopfenhalle Klotz
40/1965 Zementwerk Märker
81/1976 Wohnanlage
Biederstein
87/1977 Lagerhalle Cramer
90/1978 Evang. Kirche
Füssing

I-Punkt Farbe
1/1968 Haus Ackermann

Kenchiku Bunka
6/1977 Haus Dr. J. Gartner

L'Architecture d'aujourd'hui
9/1967 Zementwerk Märker
9/1974 Märker Mischbett-
anlage
10/1974 Märker Mischbett-
anlage

4/1976 Märker Zementwerk
Silo – Mischbett –
Wärmetauscher

Leonberger
4/1976 Haus Götz

L'industria italiana del
cemento
9/1978 Universität
Regensburg

m + d Möbel + Dekoration
6/1957 Haus Erl
10/1958 Stockwerkswohnung
Ackermann

OFD-Nachrichten
4/1977 OSLW in Fürsten-
feldbruck

Raumausstatter
12/1960 Stockwerks-
wohnung
Ackermann

SBL – Schulbauinstitut der
Länder
7/1976 Hardtschule
Weilheim

Schöner Wohnen
4/1960 Schwimmbecken
Dr. Endter
1/1971 Feuerwache 4

Stein auf Stein
1977 Offiziersschule der
Luftwaffe Fürsten-
feldbruck

Terra
2/1967 Landwirtschaftliche
Kreisberufsschule
Mainburg

UIA
45/1967 Flughafen
(Abfertigungssystem)

Werk
6/1972 Märker Zementwerk

Zement
71/1972 Zementwerk Märker

Zentralblatt für Industriebau
8/1960 Hopfenhalle
Mainburg
12/1961 Hopfenhalle Klotz
2/1962 Titanbrecher-
gebäude Märker
8/1964 Fertigungshalle
BMW
11/1964 Zementwerk Märker
4/1966 Heizhaus der Bun-
desmonopolver-
waltung
11/1967 Flugsicherungs-
Leitstelle
2/1968 Werkhalle II, Götz
8/1968 Werkhalle III, Götz
9/1969 Lehrwerkhalle, Ausbildungshalle und
Zentralwerkstatt
2/1973 Lagerhalle und
Verwaltung
Schneider + Söhne
1/1974 Mischbettanlage
Märker

4/1974 IWIS Kettenfabrik
5/1974 Fertigungshalle Götz
11/1974 Wanderer-Werke
5/1976 Wärmetauscherturm
Märker

Zement-Kalk-Gips
8/1970 Zementverlade-
anlage Märker
5/1976 Wärmetauscher
12/1976 Märker

Ziegelarbeitsblätter
8/1960 Haus Holzbauer
5/1963 Haus Höfter

Zuhause
10/1967 Haus Dr. Kammer-
meier

Z – Ziegel
1/1971 Wohnanlage Moll

Publikationen in Büchern

Industriebau
Internationale Beispiele
Walter Henn
Callwey-Verlag

33 Architekten
33 Einfamilienhäuser
Pfau/Zietzschmann
Bauen + Wohnen
Otto-Meier-Verlag

Mehrfamilienhäuser
Gerhard Schwab
DVA

Kamine
Ernst Danz
Hatje-Verlag

Das kleine Haus
Rainer Wolf
Callwey-Verlag

Innenausbau im Wohnhaus
Haberer-Eichhorn
Kohlhammer-Verlag

Wasserbecken im Garten
Paulhans Peters
Callwey-Verlag

Blumenfenster
Paulhans Peters
Callwey-Verlag

150 Einfamilienhäuser
L. Koller
Bruckmann-Verlag

Der offene Kamin
Fritz R. Barran
J. Hoffmann-Verlag

Unser Haus
S. Nagel – K. Frank
Bertelsmann-Verlag

Ziegeltaschenbuch
O. Banditt
Krausskopf-Verlag

Stahlkonstruktionen im Hochbau
Gatz/Hart
Callwey-Verlag

Farbe am Bau
Gatz-Achterberg
Callwey-Verlag

Kamine + Kachelöfen
Detailbücherei
Callwey-Verlag

Finfamilienhäuser
Bungalows, Ferienhäuser
S. Nagel + S. Linke
Bertelsmann Fachverlag

Die schöne Wohnung
L. Koller
Bruckmann-Verlag

Reiseführer zur modernen
Architektur
Grete Hoffmann
Julius-Hoffmann-Verlag

Internationale Architektur
Dokumentation 2
D. v. Kellen
Verlag Ten Hagen NV

Ziegelkonstruktionen im
Hochbau
Göbel/Gatz
Callwey-Verlag

Verwaltungsbauten
Nagel/Linke
Bertelsmann-Verlag

Industriebauten
Nagel/Linke
Bertelsmann-Verlag

Stahltreppen
Hoffman/Grieße
Julius-Hoffmann-Verlag

Bauen in Deutschland
Alfred Simon
Bacht-Verlag

Internationale Architektur
Dokumentation 3
v. Kellen
Verlag Ten Hagen

Neue Wohn-Formen
Walter Meyer-Bohe
Verlag Wasmuth

Neue Deutsche Architektur 3
Pehnt

E + P 5
Güterumschlaglager +
Verteiler
Peters/Wild
Callwey-Verlag

E + P 6
Mehrzweckgebäude
für gesellschaftliche Funktionen
Peters/Wild
Callwey-Verlag

E + P 7
Bauten für Berufsausbildung
Peters/Wild
Callwey-Verlag

Schulbauten
Harald Deilmann
Bertelsmann-Verlag

Baumeister
Querschnitte Verwaltungs-
bauten

Der Ein- und Zweifamilien-
Hauskatalog
Fachzeitschriften-Verlag
Schmiden

Bauten und Plätze in München
Callwey-Verlag

E + P 13 Rechenzentren
Rohrer/Wild
Callwey-Verlag

E + P 24 Kirchliche Zentren
Rainer Disse
Callwey-Verlag

ac-Industrie
O. Riege
Verlag Girsberger

Treppen
Prof. Franz Schuster
J. Hoffmann-Verlag

Neue Ferienhäuser
Paulhans Peters
Callwey-Verlag

Fenster, Fensterwände aus Holz
Detail-Bücherei
Callwey-Verlag

Geformter Stein
Hans F. Erb

Lager und Speicher
W. Schramm
Bauverlag GmbH

Wände, Treppen,
Außendetails in Beton
Detail-Bücherei
Callwey-Verlag

ac agr
O. Riege
Verlag Girsberger

Bauen mit Holz
Hoffmann/Griese
J. Hoffmann-Verlag

Bauen in Sichtbeton
Bächer/Heinle
J. Hoffmann-Verlag

Einfamilienhäuser 51–100
Gerhard Schwab
DVA

Die Geschichte
der deutschen Treppen
Mielke
Verlag Wilhelm Ernst + Sohn

Differenzierte Wohnanlagen
Gerhard Schwab
Karl Krämer Verlag

Treppen in Stahl
Hans Gladischefski und
Klaus Halmburger
Bauverlag

Welt des Betons
Deutscher Beton Verein

Stadt für Menschen
Paulhans Peters
Callwey-Verlag

Fassaden
Hoffmann, Griese, Meyer-Bohe
Hoffmann-Verlag

Schulbaubuch
(Analysen-Modelle-Bauten)
Karl-Hermann Koch
Bertelsmann-Fachverlag

E + P 25 Gewerbebetriebe
F. Wild
Callwey-Verlag

E + P 28
Freistehende Einfamilienhäuser
in Stadt, Vorstadt und Dorf
F. Wild
Callwey-Verlag

Planungsbericht OSLW
Finanzbauamt München II

Offene Wohnformen
S. Nagel-Slinke
Bertelsmann-Fachverlag

Ohne Vergangenheit keine
Zukunft
Hans Wichmann
Ludwig Auer Verlag

Spielraum für Kinder
Marguerite Rouard/Jacques
Simon
Hatje-Verlag

Angewandte Entwurfsmethodik
für Architekten
Jürgen Joedicke
Karl Krämer Verlag

Deutsche Kunst seit 1960
– Architektur –
Paolo Nestler/Peter M. Bode
Bruckmann-Verlag

Dekorative Türen
Gretl Hoffman
J. Hoffmann-Verlag

Geplant – Gebaut –
Universität Regensburg
Eigenverlag Unibauamt

Hochschulbau in Bayern
Oberste Baubehörde
Karl Thiemig AG

Geschichte der Architektur des
19. und 20. Jahrhunderts
L. Benevolo
Callwey-Verlag

Aufsätze

„Neuzeitliche Hopfenaufbereitungsanlagen"
Hopfenrundschau, Februar 1959

„Der Architekt und das landwirtschaftliche Bauen"
Baumeister 1/1962

„Möbel kaufen in München"
Bauwelt 40/1965

„Gesamtschule aus anderer
Sicht"
BDA-Information 3/1971

„Hardt-Schule in Weilheim"
Baumeister 2/1973

„Honorarreform – ein Trauer-
spiel mit Ignoranz und Unver-
mögen"
Der Architekt 9/1973

„Dieses Heft sieht anders aus"
Der Architekt 1/1974

„Zum Entwerfen von Banken"
aw – Architekturwettbewerbe
77/1974

„Der Architekt mit einem aber-
mals anderen Gesicht"
Der Architekt 1/1975

„Nachruf Karl Schwanzer"
Der Architekt 10/1975

„Nostalgie – Laune oder Heraus-
forderung"
Bauen + Wohnen 12/1975

„Stellungnahme zur Gesamt-
hochschulentwicklung"
Der Architekt 12/1975

„Das Institut für Grundlagen des
Entwerfens und Konstruierens"
Baumeister 4/1976

„Offene Umgänge an Verwaltungsbauten"
Der Architekt 6/1976

„Planungs- und Bauablauf eines
staatlichen Bauvorhabens"
Der Architekt 2/1977

„Vorläufig nichts Neues unter
der Sonne"
mit P. H. Peters
aw Architekturwettbewerbe –
90/1977

„Bauten für die Bundeswehr-
OSLW Fürstenfeldbruck."
dB Deutsche Bauzeitung 5/1978

„Ein Manifest für Architektur"
mit Max Bächer, Walter Belz,
Alexander Frhr. von Branca,
Hans Busso von Busse, Harald
Deilmann, Walter M. Förderer,
Rolf Gutbrod, Hans Kammerer,
Horst Linde, Carlfried Mutschler,
Roland Ostertag
November 1973

Fotonachweis

Neubert
Titel
7, 11, 12, 13, 14, 15, 16, 17, 18, 19,
20, 21, 22, 23, 24, 25, 26, 27,
29, 30, 31, 44–47, 48–53,
58–63, 64, 65, 66, 67, 68–71,
72–75, 77, 78–85, 86, 87,
88–93, 96, 97, 98–101, 102,
103, 104, 105, 106–109, 110, 111,
112, 113, 114–117, 120, 121, 122,
124, 125, 126, 127, 128–133,
134–139, 144, 148–151,
152–157, 159–163, 164, 166,
168, 169, 170, 172, 176–177,
179, 180–185

Winkler
5, 6, 7, 8, 9, 10, 11, 36, 37–39,
40–43, 54, 55, 59

Schuller
167, 175, 198

Glesman
14, 24

Werkfoto Götz
24, 77, 118, 119

Werkfoto BMW
33

Werkfoto Hypo
25

Werkfoto Gartner
144, 146

Werkfoto Märker
59

Ackermann
5, 21, 26, 32, 190

Deby
23, 24, 121

Hirschhäuser
30, 31

Klein
31

Aicher
140

Starck
189

Wieland
28

Fischer
34

Krauss
34, 193

Martinsson
Zeichnung 141

Allen Bauherren, die uns in den
25 Jahren die Möglichkeit zum
Bauen gaben, bin ich zu Dank
verpflichtet. Den Ingenieuren,
Landschaftsarchitekten, Künst-
lern, Handwerkern, allen unse-
ren Mitarbeitern und meinen
Partnern Jürgen Feit, Peter
Jaeger, Richard Martin, danke
ich für die Zusammenarbeit.
    Dank schulde ich Otl Aicher
für die Gestalt des Buches,
Jürgen Krauss für die redak-
tionelle Mitarbeit und dem
Verleger Karl H. Krämer für
seine Anregungen.

Kurt Ackermann